フリーダム

freedom

国家の命運を
外国に委ねるな

江崎道朗

展転社

はじめに――国家の命運を外国に委ねるな

「日本を再建するためにどうしたらいいのか」

こうした「問い」に対して、さまざまな「回答」があります。

「偏向マスコミが悪い、マスコミを是正することが重要だ」と答える人もいれば、「日本を裏から操っている特定の外国勢力を排除することが先決だ」と答える人もいます。「最終的に日本の政治は、日本の政治家に頑張ってもらうしかないのだから、政治家に頑張ってもらおう」と考える人もいます。

こうした方々に対して私は常にこう伝えています。

「マスコミや特定の外国勢力を批判することも時には必要だし、政治家にも頑張ってもらわないといけないが、日本をよりよくするためには、明治の思想家、福沢諭吉が説いた『一身独立して一国独立す』の気概、つまり自らが懸命に賢く強くなり、しっかりと稼ぎ、しっかりと家族と地域を支え、国を支えていく国民が増えていくことが重要だ」

幕末の維新の志士たちの和歌や手記などを読むと、彼らの多くが国難を打開するためには、幕府や既存の政治勢力に頼らず、自分自身が懸命に学び、見識を高め、行動し、独立国家を支えるに足る人物たろうとすることが大事だと考えていたことが分ります。

そして、この国家の独立を担う国民の気概こそが国家の興隆にとって重要だということを、ほかならぬ同盟国アメリカの保守主義者たちも考えていたのです。

平成二十年にアメリカを代表する民間シンクタンク、ヘリテージ財団の研究員リー・エドワーズ博士による『現代アメリカ保守主義運動小史』(邦訳は明成社刊)を邦訳・刊行しました。この邦訳に際して最も問題になったのが「liberty」や「freedom」の訳語でした。英語の「liberty」も「freedom」も日本語に直すと共に「自由」ということになりますが、邦訳を担当してくださった渡邉稔さんと話し合っているうちに、後者の「フリーダム」は「自由」というよりも「自主独立」と訳す方が適切ではないのか、という話になったのです。

といいますのも、アメリカの保守主義者たちは、政府による福祉などに依存せずに、また、政府の規制に過度に干渉されることなく、独立した個人として(神への信仰と道徳・慣習に基づいて)自分のことを自分で決定できる自由を「フリーダム」と呼んでいるのです。

政府による社会保障を拡充することは増税につながり、個人の財産権、ひいては国民の自由を侵害することになる。一方、逆に政府による規制が少なくなり、税金が安くなれば、それだけ、国民の「フリーダム」は強まり、国民の経済は活発になり、豊かな国民が増え、結果的に国家の基盤を強くすることになると考えているわけです。このようにアメリカの保守主義者たちは、個人の「フリーダム」を守っていくことが国家の「フリーダム(自由、自主独立の精神)」を守ることになるという捉え方をしているのです。

この「フリーダム」という言葉の語感は、竹本忠雄・筑波大学名誉教授が、靖国神社の参道で開催された「第十一回戦没者追悼中央国民集会」（平成九年八月十五日）において述べた、次の一節を読むとさらによく理解できるのではないでしょうか。

「およそ一国が独立国といえるためには、三つの自由がなければなりません。

第一は、自国の防人をもって自国を守ること。

第二は、自ら教育したいように自らの子弟を教育するということ。

そして第三は、自ら祀りたいように自分たちの神々を祀るということ、この三つでありま
す。日本に、このなかのどの自由もありません」

では、日本から「フリーダム（自由、自主独立の精神）」を奪っているのは誰か。
外国に日本の命運を委ね、国民の「フリーダム」を抑圧しようとする一部の政治家・官僚、
そして学者、マスコミです。

例えば、現行憲法の代理人として自衛隊の手足を縛ろうとする内閣法制局、緊縮財政や課税という形で国民経済の発展を妨害する財務省、国民の自由な経済活動を規制する経産省や国交省、占領遺制の代弁者として東京裁判史観に基づく歴史教科書しか認めようとしない文科省と、それら官僚たちの代理人である学者とマスコミです。

こうした存在から「自分の国を自分で守る自由（国防の自由）」、「自ら教育したいように自

らの子弟を教育する自由（教育、歴史観の自由）」、「自ら祀りたいように自らの神々を祀る自由（靖国神社参拝を含む信教の自由）」を取り戻すことが日本を再建することではないのか。そうした願いを込めて本書の表題を「フリーダム」と付けました。

そして、この「フリーダム」をキーワードに「自国の安全と平和、自国の命運を、外国と占領遺制を墨守する政治家や官僚・学者たちに委ねていていいのか」という観点から、外交、安全保障、歴史認識、そして家族、地域共同体、教育問題について論じたのが本書です。

外国やマスコミ、そして野党をいくら非難したところで、それだけで日本が立ち直るわけではありません。間違った政策や占領遺制を墨守する政治家や官僚・学者たちとの戦いに勝って自らの「フリーダム」を獲得しようとすることこそが日本を再興する道なのです。

なお、本書は、ある月刊誌にこれまで書いてきた論文を二十本選び、加筆修正のうえ、四つのテーマに沿って再構成したものです。

平成三十一年一月

著　者

目次

フリーダム——国家の命運を外国に委ねるな

カバーデザイン　古村奈々＋Zapping Studio

I

外国に頼る時代は終わった

——日本に「憲法改正」を促す困った隣人たち

一、専守防衛もできない国

韓国軍が福岡に？

平成十七（二〇〇五）年頃、韓国のある政府関係者から恐ろしい話を聞きました。もし北朝鮮が突然、韓国を攻めてきたら、韓国軍は、福岡に陣取って反撃の体制を整えることを検討している、というのです。

「福岡に陣取るとは？」と思わず聞き返すと、

「文字通り、韓国軍が福岡に進駐するということだ」との答えでした。

「福岡は、日本の領土だ。そんな勝手なことが許されると思っているのか」と反論したら、こう言い返されました。

「朝鮮戦争のときは、北朝鮮軍の侵攻に押されて、釜山まで後退したことは知っているだろう。そこで韓国政府としては、万が一のことを考えて、反転攻勢の拠点を福岡に置こうと考えている。福岡には、在日朝鮮人がたくさん住んでいるだろう。戦争相手の北朝鮮人から、在日の韓国人を保護するという理由で韓国軍が福岡に進駐するのだ」

「そんな無茶苦茶な」

「でも、韓国も独立を守るためにはなりふり構っていられない。福岡を拠点に反転攻勢をかけることも検討しておかないといけない」

これは非公式の会話であって、韓国政府がそうしたことを検討しているとは限りませんが、自国の平和と独立を守るためにあらゆることを考えておくのが政府の責務です。韓国政府が検討していたとしても何らおかしいことではありません。

では、韓国軍が福岡にやってきた時、日本政府はどうするのでしょうか。

仮に福岡に進駐した韓国軍が、北朝鮮人と間違えて日本人を拘束したり、殺害したりしたとしても日本政府は恐らく「抗議」しかできないでしょう。

しかも日本国内には、北朝鮮のテロリストが潜伏していますので、彼らが韓国軍を攻撃すれば、福岡の市街地で戦闘が起こり、日本人が多数殺害されるかも知れません。

そうした事態を抑止するには、自衛隊が韓国軍と北朝鮮のテロリストを鎮圧するしかありませんが、それには韓国軍に拘束されている日本人が多数犠牲になることを覚悟しなければなりません。そんな決断を日本政府ができるでしょうか。

領空侵犯の戦闘機をどうするか

韓国軍が福岡に進駐するのを事前に防げばいいではないか。そんな意見もあるでしょうが、それもまた困難です。日本は「専守防衛」と言って、「日本からは決して外国を攻撃することはせず、外国から日本が攻撃されて初めて反撃する」という防衛方針を掲げています。よって韓国軍が軍用機で福岡に来襲してきたら空自機がスクランブル発進して、日本の領空に入らないよう警告するでしょうが、警告を無視して韓国の軍用機がやってきた場合、日本政府は、撃墜することができるのでしょうか。

「韓国の軍用機を撃墜しろ」と命令することは、韓国と戦争も辞さずということです。韓国の戦闘機がミサイルでも撃てば反撃できるでしょうが、撃ってこなければ日本の領空に易々と入り、福岡空港に着陸してきても、これを阻止できないでしょう。

先例もあります。

一九七六年九月六日、旧ソ連のミグ25戦闘機が領空侵犯し、北海道の函館空港に強行着陸しましたが、空自機はこれを阻止できませんでした。

アメリカや中国ならば、領空侵犯をした外国の飛行機に対して何度か警告をしても応じない場合は、撃墜します。これは主権国家として認められた自衛権ですが、日本だけは、この自衛権の行使に及び腰なのです。

誤解のないように申し上げておきますが、憲法九条は、領空侵犯した外国の戦闘機を撃墜することを禁じていません。領空侵犯をした外国の戦闘機を撃墜することは控えるべきだと、自主規制をしているだけです。

このため自衛隊は優秀な戦闘機を持ち、優秀なパイロットがいますが、外国の戦闘機の侵入を阻止できずにいるのです。

中国軍機が対日攻撃動作

それでもこれまでは外国の戦闘機に対して空自機がスクランブル発進し、「ここは日本の領空だ。入ってこないように」と警告すれば、外国の戦闘機も従ってくれていましたので、さほど大きな問題になってきていませんでした。

ところが、空自機の警告を無視する国が現れたのです。中国です。

中国はこの二十数年の間に防衛費をなんと四十倍に増やし、いまや日本を上回る軍事力を持つ国となっています。その中国が「尖閣諸島は、中国のものだ」「沖縄は、日本のものではない」などと主張し、尖閣諸島や沖縄周辺に戦闘機や軍艦を出して、日本に対して軍事的挑発を繰り返してきています。

特に平成二十八年に入って中国の軍事的挑発は増え、中国軍機に対し、空自機がスクランブル発進した回数は、四～六月に過去最多の百九十九回を数えました。

しかも元航空自衛隊航空支援集団司令官の織田邦男氏が「東シナ海で一触即発の危機、ついに中国が軍事行動」と題する次のような記事を公表したため、「場合によっては尖閣海域で日中戦争勃発か」ということで大騒ぎになりました。

《これまで中国軍戦闘機は東シナ海の一定ラインから南下しようとはせず、空自のスクランブル機に対しても、敵対行動を取ったことは一度もなかった。

だが今回、状況は一変した。中国海軍艦艇の挑戦的な行動に呼応するかのように、これまでのラインをやすやすと越えて南下し、空自スクランブル機に対し攻撃動作を仕かけてきたという。

攻撃動作を仕かけられた空自戦闘機は、いったんは防御機動でこれを回避したが、このままではドッグファイト（格闘戦）に巻き込まれ、不測の状態が生起しかねないと判断し、自己防御装置を使用しながら中国軍機によるミサイル攻撃を回避しつつ戦域から離脱したという。

筆者は戦闘機操縦者だったので、その深刻さはよく分かる。まさに間一髪だったと言えよう。冷戦期にもなかった対象国戦闘機による攻撃行動であり、空自創設以来初めての、実戦によるドッグファイトであった》（平成二十八年六月二十八日付 JBPress）

防衛省幹部も大筋でこうした事実関係を認めたと言われています。

ところが、当時の日本政府の萩生田光一官房副長官と防衛省の河野克俊統合幕僚長がこれを否定しました。

毅然とした対応を取る条件

中国の戦闘機が空自機に攻撃動作を仕掛けてきたのに対して自衛隊が戦域から離脱したことが判明すれば、安倍政権は同盟国アメリカから「何という弱腰だ」と非難されることになります。

そこで官邸は、事実関係をもみ消そうとしたのでしょう。

しかし、中国の戦闘機と日々向かい合っている航空自衛隊としては、領空侵犯してくる中国の戦闘機が攻撃動作を仕掛けてきた場合、「戦域から離脱し、領空侵犯を容認するのか」、それとも「領空侵犯を阻止するため反撃するのか」、どちらかに日本政府の方針を決めてもらわないと困ると考えて、敢えて情報を漏らしたのではないかと思われます。

もし日本政府が「中国軍機が攻撃しようとしたら反撃せず、戦域から離脱し、領空侵犯を容認するよう」指示するとなれば、中国政府は「尖閣諸島は中国のものだ。その証拠に日本の自衛隊は、尖閣上空の領空侵犯に対してなんら対応しなかった」と主張するでしょう。

と言って日本政府としては、「領空侵犯をした中国の戦闘機は国際法に従って撃墜もやむなし」と指示するわけにもいかないのです。

少なくとも三つの課題を解決しておかないと、反撃は困難だと思います。

第一に、「領空侵犯をした中国の戦闘機に何度も警告したにも関わらず、それに応じようとしなかったばかりか、攻撃を仕掛けてきたのでやむを得ず応戦した」という形で、日本政府の行動の正当性を、国際社会に理解してもらえる国際広報体制が必要です。

インターネットで情報が瞬時に世界中を駆け巡る今、いち早く説得力ある形で自国の立場を宣伝できる方が国際社会では有利です。このため中国政府は「世論戦」と言って、アメリカを始めとする主要先進国において中国側のニュース番組を流す体制を構築しています。その予算は年間一兆円とも言われ、アメリカではケーブル・テレビで中国政府が作成したニュース番組を放映し、ニューヨーク・タイムズ紙には、中国共産党の機関紙「人民日報」の英語版が挟み込まれています。

一方、日本の対外宣伝費は僅か七百億円に過ぎません。外国において日本の立場を報道する独自のテレビ・ネットワークを持っているわけではないし、アメリカの新聞に日本の立場を踏まえた記事が載る体制もできていません。

このため日中間で紛争が起こっても、アメリカを中心とする国際社会のマスコミは、中国の言い分ばかりを報じることになり、日本は完全に「悪者扱い」されることになるでしょう。毅然として対応するためにも、国際宣伝戦で中国に対抗できる体制を構築することが急務ですが、政治家の間でその重要性が理解されているのか、不安を覚えます。

日中紛争のとき、アメリカはどうする?

第二に、日中間で紛争が起きた場合、確実にアメリカには日本の味方になってもらう必要があるのですが、その対策も十分ではありません。

何しろオバマ民主党政権までのアメリカ政府は、ホワイトハウスも国務省も中国寄りで、いざとなった時に日本の味方をしてくれるとは限りませんでした。

恐らく日本の味方をしてくれるのは国防総省ぐらいでしょうが、大統領が「日中の紛争に関与するな」と命じたら、米軍も動くことはできません。

しかも日本人は余り良く理解していませんが、「アメリカ政府は、外国の領土紛争には関与しない」という外交原則があり、尖閣問題に関係する紛争の場合、中立を保つ可能性が高いのです。

もちろん日米安保条約では、日本の「施政権下」にある領土が侵略された場合、米軍は日本を助けることになっています。

問題は、尖閣諸島が日本の施政権下にあるのか、ということです。国際法上、施政権下にあるためには、その領土に日本人が住んでいるか、建築物などが建立されていることを必要とします。

しかし、尖閣諸島には誰も住んでいませんし、ヘリポートといった建築物もありません。よって、「尖閣諸島は日本政府の施政権下にない」と看做《みな》される恐れがあるのです。

このように、中国による尖閣侵略に対抗しようとして米軍の助けを得ようと思うならば、尖閣に公務員を常駐させることも含め、アメリカ政府とその対策を協議しておく必要があるのですが、それが十分に行われていないのです。

中国が想定する「短期激烈戦争」

第三に、尖閣上空で日中の戦闘機が戦闘を開始した場合、中国政府は「日本政府から戦争を仕掛けられた」と判断し、日本列島に対してミサイル攻撃を仕掛けてくる可能性があります。

実際にアメリカ国防省が作成した『中国に関する年次報告書二〇一四』によれば、中国は「短期激烈戦争（ショート・シャープ・ウォー）」と称して「中国軍が大量のミサイルを短期間に日本列島に発射し、米軍が助けにくる前に日本政府を降伏させる」というシナリオを検討しています。

ミサイル攻撃から日本を守るため、日本政府はミサイル防衛システムを導入していますが、中国軍が同時に数百発、日本に向けて発射した場合、それに対応するだけのミサイルの在庫が日本にはないと言われています。防衛予算が足りず、在庫をかかえることができないのです。

また、通常ミサイルで日本の市街地が攻撃された時、多数の死傷者が出ることが想定されますが、その救助活動についてどうするのか、具体的な対策も講じられていません。

そして中国軍がミサイル攻撃をしないように思い止まらせるためには、日本政府も中国本土を攻撃できる巡航ミサイルを保有すべきなのですが、安倍政権は「巡航ミサイルを保有するつもりはない」と国会で答弁しています（因みに「憲法九条のもとでも相手国を攻撃するミサイルを保有することは合憲だ」というのが日本政府の憲法解釈です）。

共産党や他の野党は「日本を戦争ができる国にさせない」と叫んでいますが、現実は「戦争などできる国になっていない」のです。そして「日本政府が戦争を想定せずに何の準備もしていない」ということは、「いざというとき日本政府にわれわれ国民は守ってもらえない」ということなのです。

そもそも現行憲法「前文」には、「平和を愛する諸国民の公正と信義に信頼して、われらの安全と生存を保持しようと決意した」と書いています。

「外国を信頼して、日本人の安全と生存を保持」できる間はそれでいいのかも知れませんが、「外国が、日本人の安全と生存を損なおうとした時、どうするのか」という点について、現行憲法には何ら回答が示されていません。

こうした課題を提示すると、「だから憲法改正が必要だ」と主張される方がいますが、尖閣を守ることは「専守防衛」、憲法九条でも可能なことであるはずです。

幸いに安倍政権になってから、官邸の中に日本版ＮＳＣ（国家安全保障会議）という新しい機関が設置され、こうした課題について日本政府挙げて取り組む体制ができました。

事態は切迫しています。

憲法改正に向けた世論喚起と並行して、国際的な世論戦、日米連携の強化、反撃能力の保持の三つに取り組むべきなのです。

二、パンダ・ハガーとドラゴン・スレイヤー

したたかな安倍外交

二〇一六年十一月、アメリカの大統領に共和党候補の不動産王ドナルド・トランプが選ばれました。

日米両国のマスコミの大半が民主党のヒラリー・クリントン氏の勝利を予想していたこともあり、「なぜ予想を外したのか」「なぜトランプが勝ったのか」、大騒ぎになりました。

しかし、そもそも二〇一五年、トランプ氏が大統領候補に名乗りを挙げた時点から日米両国のマスコミは「暴言王」などとレッテルを貼るだけで、まともな分析をしようとしてきませんでした。

今回のアメリカ大統領選挙で、レッテル貼りしかしない大手マスコミの報道だけ見ていても、本当のことがわからないことは明らかになったといえるでしょう。

一方、安倍首相は直ちにトランプ次期大統領にお祝いの電話を入れ、ニューヨークのトランプ氏の私邸で国際社会の指導者としては一番早く会見しました。

安倍首相とトランプが穏やかに並んでいる写真は世界中に配信され、トランプ氏と安倍首

相、つまり日米同盟の絆の強さを国際社会に広く知らせることができました。見事な安倍外交であったといえるでしょう。

しかし、この見事な安倍外交は、安倍首相の個人的な力量によるものでした。

日米のマスコミの大半は、民主党のヒラリー氏が大統領に当選すると考えていましたので、日本の外務省も、ヒラリー氏が当選することを前提に対策を講じていて、トランプ陣営とのパイプを十分に作っていませんでした。

もともと外務省は、アメリカの民主党とつながりが強く、共和党との関係は深くありません。まして、トランプ氏を支えたアメリカの保守派とのつながりはほとんどありませんでした。

そのためか、今回の安倍トランプ会談について外務省は、反対でした。

「まだオバマ民主党政権であり、オバマ民主党と敵対しているトランプ次期大統領と会うと、オバマ政権の不興を買う」というのが理由でした。「オバマ政権に嫌われたくないからトランプに会うべきではない」という意味です。

その一方で、アメリカ大統領選挙の真っ最中に訪米した安倍首相に、民主党のヒラリー氏と会うよう段取りしたのは外務省でした。外務省は、アメリカの民主党に肩入れし、共和党との関係強化を嫌っているわけです。

こうした外務省の「民主党びいき」体質を知っているため、安倍首相は第二次安倍政権の発足の時点で、外務省だけに対米外交を任せるべきではないと考え、財務省、経団連、民間などを通じてアメリカとの様々なルートを作っていました。

この別ルートが今回、トランプ氏との会談実現に向けて奔走したと言われています。しかも、「トランプ氏はゴルフ好きで、お土産としてゴルフ・クラブを持参した方がいい」という提案をしてきたのです。

安倍首相は、このアドバイスを採用し、トランプ氏にゴルフ・クラブを贈りました。その意味は「トランプ氏が大統領になったら一緒にゴルフをしましょう」、つまりもっと親密に付き合いましょうと提案し、トランプ氏もゴルフ・クラブを受け取りました。つまり、大統領になっても親密に付き合ってよいと、安倍首相に伝えたのです。

外務省に頼らず、多角的に情報を集め、したたかに日米同盟を強化しようとする安倍外交は今回、国際社会からも高く評価されました。

戦わずして勝つ

二〇一六年十一月十七日（現地時間）に行なわれた安倍トランプ会談で何が話し合われたのかは公表されていません。しかし、その中心的な議題が日米同盟を含むアジア太平洋の平和と安全をいかに守るのか、ということであったことは確かなようです。

トランプ氏が当選した後も、マスコミの一部は「トランプは安全保障の素人だ」「トランプ新政権は孤立主義を採用し、アメリカのアジアへの関与を減らせば、アジア太平洋の安定は損なわれ、日本も危うい」などと不安を煽っていました。

しかし、アメリカの対外政策を長年見てきた私からすれば、トランプ新政権はようやくまともな対外政策に戻ろうとしているに過ぎません。

一九八〇年代、アフガニスタンを侵略し、日本の北海道を奪おうとするなど侵略的なソ連に対してロナルド・レーガン共和党政権が毅然とした強硬策を唱え、日本やドイツなどと連携してソ連の脅威に立ち向かいました。

ソ連の侵略に対して弱腰でいるから、ソ連はますます図に乗って世界各地で戦争を始めている。よって、「もう侵略は許さない」という毅然とした対応をとるだけでなく、アメリカと同盟国の軍事力を徹底的に強めて、「実際に戦争をすることなくソ連を心理的に屈服させよう」という戦略です。

これをバランス・オブ・パワー外交と呼びます。

このレーガン政権の対ソ戦略は見事に当たり、ソ連は侵略を断念、米ソの冷戦はソ連の敗北で終わりました。

その後、アメリカは国内問題に専念しようとしたのですが、二〇〇一年に九・一一同時多発テロが起こり、「中東のイスラム・テロリストたちをやっつけない限り、アメリカの平和を守ることはできない」と、ネオコンと呼ばれる国際政治学者たちが主張しました。

このネオコンの主張にひきずられて、アメリカは「テロとの戦い」と称して、テロリストを匿っていると思われる中東諸国やアフガニスタンなどで戦争を始めたのです。

しかし、アメリカが中東紛争に関与すればするほど、中東の平和と安定は損なわれ、紛争は拡大していきました。しかも中東の紛争に行ったアメリカの若者たちは自爆テロ攻撃を受け、その多くがひどいケガを負い、死んでいったのです。

「もう戦争は嫌だ」

中東紛争の介入に疲れたアメリカ国民は、「対外戦争でアメリカの兵士を殺さない」と主張した民主党のオバマ氏を支持したのです。

オバマ政権は急激な軍縮を実施すると共に「もはやアメリカは世界の警察官ではない」と公言し、世界各地の平和と安定を維持するための努力も怠るようになったのです。

紛争の危険を事前に察知し、紛争が拡大しないようにするためには、インテリジェンスといって地道な情報収集・分析活動が必要なのですが、そうした予算までばっさりと削減し、中東紛争はますます激化してしまったのです。

しかも南シナ海に軍事基地を作るなど「侵略」を堂々と進める中国に対しても、口先で非難するだけで実効的な措置を取ろうとしませんでした。こうしたオバマ政権の安全保障政策を、米軍関係者は自嘲的に「アメリカ封じ込め政策」と呼んでいました。

むやみやたらに「対外軍事干渉」をしてはいけませんが、オバマ政権の「アメリカ封じ込め」も問題なのです。

世界各地のバランス・オブ・パワーを維持しながら、世界の紛争を抑止するというレーガン政権の外交・安全保障政策を見失ってきたのが、この二十年のアメリカの対外政策でした。だからこそ、「戦わずして勝つ」ことを目的とするバランス・オブ・パワー外交に戻そうというのが、トランプ陣営の基本的な考え方です。

ドラゴン・スレイヤー

では、トランプ政権は、どのような防衛政策を考えているのでしょうか。

以前、トランプ陣営に近い安全保障の専門家が来日し、長時間にわたって議論したことがあります。その結果、判明したことは、トランプ政権は、防衛力を増やして再び「強い米軍」復活を目指しているということでした。

アメリカで一部報じられましたが、トランプ氏は選挙戦中の二〇一六年九月八日、ペンシルベニア州フィラデルフィアで開いた選挙集会で、現在の米軍は「とても弱体化している」と指摘した上で「大幅な軍拡が必要だ」として、陸軍兵士の数を五十四万人に増やすと共に、空軍の戦闘機を少なくとも千二百機に、海兵隊の大隊を三十六部隊に、海軍の水上艦や潜水艦を三百五十隻にそれぞれ増強する案を打ち出しています。アジア太平洋の平和を脅かしている中国の軍事的台頭を抑止するためです。

よく知られていますが、アメリカの首都ワシントンでは、中国に対する見方が真っ二つに分かれています。

米中国交樹立を進めたヘンリー・キッシンジャー氏のように中国の軍事動向について甘い見方をする人たちは「パンダ・ハガー」（パンダを抱擁する人 panda-hugger）と呼ばれます。意外かもしれませんが、この勢力が長らくワシントンで多数派を占めてきました。

一方、近年の中国による軍拡だけでなく、アメリカの民間企業に対して産業スパイを送り込み、軍事関連テクノロジーを盗もうとしている中国に対して厳しい見方をする専門家たちもいます。この少数派は「ドラゴン・スレイヤー」（竜を殺す人 dragon-slayer）」と呼ばれます。このグループがトランプ政権でアジア政策を主導すると言われているのです。

その代表格がリチャード・フィッシャー国際評価戦略センター主任研究員です。

彼は月刊『WiLL』平成二十八年十二月号でこう断言しています。

《中国共産党は究極的には日本という国をほぼ完全に屈服させることを目指しているといえます。アメリカとの同盟をなくす。自衛能力もきわめて制限される。もちろん核兵器など持たない。そして少しずつ中国の国家発展長期計画に日本国が組み込まれていく。そんな目

標です。つまり日本を中華帝国の隷属国家にすることです》

こうした中国の国家戦略に基づいて沖縄についての工作も仕掛けてきているといいます。

《中国が沖縄住民の日本国に対する反感をあおってきたことは長年にわたる中国の対外工作の一部として広く知られた事実です。この工作は台湾に対する統一戦線方式の反政府運動の煽動のための政治闘争方式にも似ています。数十年にわたるフィリピンに対する対米同盟を侵食するための中国の工作も同様です》

こうした中国の覇権主義に対して何もしてこなかったのがオバマ民主党政権でした。

しかも中国政府は二十五年間も、民主党候補だったヒラリー氏とも関係を築いてきました。よってヒラリー氏が大統領になれば、米中蜜月関係が維持され、日本は中国の隷属国家への道を歩まされる恐れがありましたが、トランプ氏が勝利しました。

フィッシャー氏はこう予言しています。

《彼（トランプ氏）が中国の脅威の全体像を理解したときにアメリカの国益を守るという目的でとる行動は大胆でしょう》

安倍政権は第二次政権発足当初、「セキュリティ・ダイヤモンド構想」といって日米印豪四カ国が同盟関係を結ぶことによってアジア太平洋の平和と安全を守るアジア構想を示しましたが、オバマ民主党政権の消極姿勢のため進展しませんでした。

この「セキュリティ・ダイヤモンド構想」が、トランプ共和党政権の誕生で、劇的に動き始めました。トランプ政権は、外交・安全保障政策面に限って言えば、安倍政権最大の応援団になっています。

尖閣防衛を主張したアメリカの下院議員

このような対アジア太平洋の安全保障政策を主導している政治家のひとりが、トランプ大統領の軍事政策顧問になっているランディ・フォーブス連邦下院議員です。

バージニア州選出のフォーブス下院議員は、下院軍事委員会・海軍遠征軍小委員会委員長の重責を担ってきており、海軍政策のエキスパートとして海軍関係者や海軍戦略家・研究者などからも高い評価を受けている人物です。

しかも日本にとって重要なことは、このフォーブス下院議員が、尖閣防衛の急先鋒でもあるということです。

たとえば、二〇一三年二月二十六日、米下院軍事委員会委員長であったフォーブス議員は議会内で開かれた中国人民解放軍の実態についての研究会で演説し、沖縄県・尖閣諸島問題に関連して次のように述べ、オバマ民主党政権が日本の味方をするよう強く迫ったのです。

《米国が同盟国の日本を支持し、その基本をより明確に、かつ強固に表明していくことが中国への最大の抑止となる。米国の目的はこの地域の安定であり、中国の今の動向はこの目標への挑戦となる》

《尖閣を含む地域の安定を保つため、いざという際には、米国が日本を支援するということや、中国側が尖閣に対して何をしているのか、詳細に監視していることを中国側により明確に知らせておくことが重要だ》（二〇一三年二月二十七日付産経新聞）

このような尖閣防衛に理解のある下院議員がトランプ政権を支えているのです。ただし、トランプ政権は、日本も大国なのだから、自分の国は自分で守るよう自助努力をすべきだと主張しています。

別に日本だけに努力しろ、と言っているわけではありません。トランプ政権は、防衛費をＧＤＰ比四％まで増やそうとしていますので、同盟国の日本もその半分、つまりＧＤＰ比二％まで増やし、日米両国が連携して中国の侵略を未然に防ごうと主張しているのです。

予算は、国家の意志です。

トランプ政権から言われるまでもなく、わが国が防衛費を先進国並みのGDP比二%、十兆円にまで増加させ、日本と日本を取り巻くアジア太平洋の平和と安全を守るのは、独立国家として当然のことです。

そのためには、世論と財務省を説得しなければなりませんが、財務省との戦いにひるんで国防再建のチャンスを失ってはならないと思います。

三、「悪役」トランプ政権に頼っていていいのか

お茶の間でも関心高まる

トランプ共和党政権が二〇一七年一月二十日に発足しましたが、イスラム圏七カ国からの入国制限を命じる大統領令を出したことから、国内だけでなく、国際社会からの強い反発を受けました。

これまでのアメリカ大統領とは異なる、型破りの指導者の出現にアメリカ国民だけでなく、世界中が困惑し、発言の意図を図りかねています。

日本でもワイドショーでトランプ政権についてあれこれと解説する番組が流行し、普段、国際政治に関心がないお茶の間でも、トランプの話題が出るようになってきています。

平成二十八（二〇一八）年十月に『マスコミが報じないトランプ台頭の秘密』（青林堂）を上梓したことから、あちこちでトランプのことについて話を聞かせて欲しいとの要望があり、政治家だけでなく、労働界やマスコミとも連日のように会合をしています。

先日も、労働界の幹部と意見を交換しました。

トランプ大統領が「保護貿易」を唱え、メキシコに工場を作った自動車メーカーのトヨタ

を批判したり、アジア太平洋の自由貿易圏であるTPPから離脱したりしたことから、自由貿易がおかしくなっていくのではないかと心配していました。

また、芸能人や、野球、サッカーなどのスポーツ情報を扱うジャーナリストとも話をしました。なぜ芸能関係のジャーナリストがトランプ大統領のことを聞きたいのか、疑問に思って聞いてみました。面白かったのは、テレビも週刊誌も、連日のようにトランプを扱うのは、それだけスター性があるからだ、という分析でした。

たとえ悪役であっても、マスコミが連日取り上げることで国際政治について関心を持つ日本人が急激に増えていっている、しかも世界が結構無茶苦茶で、世界の善意に頼っている場合ではないことを一般庶民さえも感じるようになってきているのは実は大変な効果ではないのか、という指摘でした。なるほど、そういう見方もあるのか、と実に新鮮な驚きでした。

もっと反日の政権が誕生

大手新聞社の幹部とも意見交換をしました。その幹部は、「トランプ大統領はアメリカ・ファーストと言って、アジア太平洋の安全保障について強い関心を持っていないのではないか」と心配していました。

その心配は全くその通りで、トランプ大統領の関心は、荒廃しているアメリカ国内の再建であって、外国のことではないからです。

一方で、韓国との関係は、いわゆる慰安婦問題をきっかけにこじれています。平成二十七（二〇一五）年十二月、安倍政権は韓国の朴槿恵政権との間で、いわゆる慰安婦問題について合意し、日本政府がお見舞金として十億円を出す代わりに、韓国政府も二度と、慰安婦問題を持ち出さないと約束しました。

ところが、韓国のマスコミは、日本以上にひどい偏向ぶりで、日本だけでなく、アメリカを徹底的に批判する一方で、北朝鮮との関係改善には熱心なのです。

そのため、韓国の朴政権は慰安婦合意の後、「右翼・軍国主義の安倍政権と取引をした売国政権だ」と韓国内でつるし上げられて反日世論に屈し、ソウルの日本大使館前の「慰安婦」像は撤去されませんでした。

そして釜山の日本領事館前にも「慰安婦」像が設置されるに至って菅義偉官房長官は平成二十八年一月六日の記者会見で、慰安婦像の設置は外交関係に関するウィーン条約に規定する領事機関の威厳等を侵害するもので「極めて遺憾」と述べ、日本政府の立場を明確に示す当面の措置として次の四点を実施する旨を発表しました。

・在釜山総領事館職員による、釜山関連行事への参加見合わせ
・長嶺駐韓国大使および森本在釜山総領事の一時帰国
・日韓通貨スワップ取り決めについての協議の中断

・日韓ハイレベル経済協議の延期

しかもこの措置をとることを事前に民主党のオバマ政権にも伝えるなど国際社会を味方につけています。歴代政権と異なり、安倍政権の対応は見事です。

しかし、二〇一七年五月十日に発足した文在寅政権は、朴政権よりも左の反日政権です。文政権は、（1）高高度防衛ミサイル防御網（THAAD）の配置を取りやめる（2）日韓慰安婦合意と日韓軍事情報包括保護協定を無効にする（3）（北朝鮮との友好のシンボルである）開城工業団地を復活する——という方針を打ち出しました。

高高度防衛ミサイル防御網は、中国や北朝鮮のミサイル攻撃を防ぐために配置するもので、実は中国政府は配備に反対していました。そのため、韓国のサヨク・マスコミも、このTHAAD配置に反対していて、もしこの配置を取りやめるとなれば、米韓同盟も揺らぐことになります。

朴「反日」政権の次は、更に過激な反日反米政権が生まれたのです。

韓国は日本に対する批判ばかり言うだけで面倒だから、もう関わるのは止めようという意見も日本では出てきています。

実際に、筑波大学の古田博司教授が、「助けない、教えない、関わらない」という非韓三原則を提唱しているほどです。

沖縄と済州島で反米反基地闘争

確かに韓国は面倒な国ですが、韓国の反日反米化はもはや阻止できず、日米韓の軍事同盟が持たなくなれば、韓国は明確に敵国となり、対馬海峡が防衛ラインになります。しかも、韓国が敵国になれば、韓国に中国軍の基地ができる可能性が高いのです。その第一候補は、対馬海峡に近い済州島です。

実は沖縄の在日米軍基地反対闘争に、多くの韓国人（朝鮮人）が関与しています。アメリカ海兵隊基地の移設先である沖縄県名護市の辺野古には、韓国語で書かれた抗議の垂れ幕が貼られています。

私はこれまで十数回、沖縄に入り、現地調査をしてきましたが、沖縄で反基地闘争をしている韓国系の活動家たちが韓国の済州島においても韓国海軍の基地建設反対運動を繰り広げていることは意外と知られていません。

平成二十三（二〇一一）年五月十四日、普天間基地に隣接する宜野湾市民会館で「韓流・ちむどんどん二〇一一～アジアから基地をなくす国際連帯沖縄集会」が開催されました。

主催者は「沖・韓民衆連帯」という名称ですが、実際は新左翼の「共産主義者同盟（統一委員会）」が主催したようです。新左翼は総じて中国共産党に対して親近感を抱いており、その活動方針も中国共産党の世界戦略に呼応する傾向があります。

この「アジアから基地をなくす国際連帯沖縄集会」では、韓国人の活動家が「日米韓三国による軍事的連帯強化反対」という立場から、済州島の韓国海軍基地建設反対運動についての報告をしていました。

実は済州島のこの海軍基地を、韓国軍だけでなく、米軍も使用する計画でした。そのため日韓のサヨクたちが連携し、沖縄と済州島で基地反対闘争を仕掛け、米軍をアジアから追い出そうとしているのです。

この済州島の海軍基地は二〇一六年二月二十六日に完工しました。そして、韓国の反日反米政権が、済州島基地を中国海軍に使用させる可能性もあるのです。中国側も既に韓国政府との協議の中で、中国艦船の寄港を打診しています。

対馬海峡に対する中国軍の動きも活発化しています。

中国空軍機が対馬海峡を初めて通過したのは平成二十八（二〇一六）年一月三十一日のことで、平成二十九（二〇一七）年一月九日には、情報収集機を含む中国軍機八機が対馬海峡の上空を往復飛行し、自衛隊の戦闘機が緊急発進しました。一月十日には、中国海軍のジャンカイⅡ級フリゲート艦二隻と補給艦一隻が日本海を南下し、長崎県沖の対馬海峡を通過して東シナ海に向かっています。

中国軍の行動範囲は、尖閣諸島を含む南西諸島から対馬海峡へと確実に広がってきているのです。

米軍が韓国から逃げ出す？

二〇一七年一月、アメリカの有名なテレビ局であるＣＮＮが、「在韓米軍、沖縄へ家族脱出の避難訓練　北朝鮮の侵攻に備え」と題して在韓米軍の家族が、二〇一〇年以来実に七年ぶりに、韓国から沖縄へと避難する訓練を実施したことを報じました。

多くの戦争、紛争を経験してきた米軍は、米軍家族の避難についても具体的に考えています。在日米軍の関係者の話によれば、戦争だけでなく、生物・化学兵器によるテロなどで家族の生命に危険が及ぶと想定されると、米軍は家族を直ちに海外に避難させる計画を立てています。

具体的には、どの輸送機に誰が乗るのかまで決定し、かつ米軍家族には事前に特別の「パッケージ・タグ（荷物札）」が渡されています。

いざ避難となれば、家族は身一つで飛行場に駆けつけ、海外に脱出します。その場合、一家族につき一つトランクを持っていくことが許されるようです。

家族はあらかじめ、そのトランクに重要なものを詰め、米軍から支給されたパッケージ・タグをつけておき、そのトランクをどこに置いているのか、家の間取り図とともに司令部に報告します。米軍は家族が避難したのち、各家に回ってトランクを回収し、避難先まで届けるという段取りです。

反米基地闘争の背後に中国

このように韓国と日本の沖縄では、米軍基地反対運動が活発になっているのですが、この反米闘争の背後には、中国共産党政府がいると言われています。

公安調査庁は、平成二十九年度版「内外情勢の回顧と展望」の中で、中国の大学やシンクタンクが中心となって、沖縄で「琉球独立」を求める団体関係者などと学術交流を進め、関係を深めていると指摘しました。

交流の背景には、米軍基地が集中する沖縄で「中国に有利な世論を形成し、日本国内の分断を図る戦略的な狙いが潜んでいる」として、今後の沖縄に対する中国の動きには「注意を要する」としています。私からすれば、何を今さらという感じです。事態はもっと深刻です。

中国共産党政府は戦後一貫して、沖縄の米軍基地に反対してきましたが、民間団体どころか、行政レベルですでに中国共産党政府と沖縄県は連携を始めています。それが本格化したのは一九九〇年十一月、大田昌秀琉球大学名誉教授が沖縄県知事に当選してからです。

大田知事は反米基地闘争を煽る一方で、中国の福建省政府との連携を始め、一九九四年からは毎年、沖縄県・福建省サミットを実施しています。そして一九九六年五月には「国際都市形成基本計画」を決定しましたが、その意図をこう説明しています。

「一九九〇年代に中国・福建省、台湾、韓国、北朝鮮と交流を深めることが、大田県政の

二十一世紀へ向けたビジョンだった。それが国際都市形成構想の根幹だった」（吉元副知事）
この方針に基づいて中国、北朝鮮、韓国との公的な連携を本格化させ、一九九八年には職員採用試験から国籍条項撤廃を決定しています。つまり、韓国人や中国人でも、沖縄県の職員になれるようにしてしまったのです。こうした動きは、保守系県政の時は止まったものの、そのうねりは確実に広がってきています。

対馬海峡や北海道も危ない

こうした構図の中で、米軍が改めて注目しているのが、山口県の岩国基地です。
平成二十九（二〇一七）年一月五日付毎日新聞はこう報じました。
《在日米海軍は五日、米軍再編に伴う厚木基地（神奈川県大和市など）から岩国基地（山口県岩国市）への空母艦載機部隊の移転を今年七月以降に開始すると発表した。完了すれば岩国基地の米軍機は百二十機規模となり、極東最大級の航空基地になる。（中略）
米海軍は北朝鮮や中国をにらみ、アジア・太平洋地域を重視する「リバランス（再均衡）政策」を進めており、今回の移転についても「日本防衛や地域の安全と安定のためのリバランス政策にのっとったもの」と説明した》

韓国の反米化と在韓米軍の縮小、済州島に中国海軍の拠点構築という形で、対馬海峡が防衛ラインになることを想定して、米軍は岩国基地の強化を急いでいるとも言えるのです。

安倍政権は、南西諸島防衛のため平成二十八（二〇一六）年一月末、沖縄に「第九航空団」を新編成し、戦闘機を倍増したほか、近々、石垣島や宮古島にも自衛隊を配備する予定です。

しかし韓国に反日政権が登場し、対馬海峡が防衛ラインとなれば、岩国基地の強化も必要になってきます。ロシアのプーチン政権は、北方領土にミサイル基地を建設していて、その対応も必要になってきました。

ところが、アメリカのトランプ政権は同盟国の平和を守ろうと思っているものの、基本的にアメリカ第一で、日本防衛のことは二の次です。

トランプ大統領は確かに危なっかしいですが、そうした政権に平和と安全を任せている日本の方がもっと危ない状況に置かれているのです。

四、北朝鮮ミサイル危機が日本に突きつける課題

豊洲・豊中だけでいいのか

平成二十九（二〇一七）年はロシア革命百年に当たることから、二月末から一週間ほど、ソ連・共産主義によって苦しめられてきたドイツ、チェコ、ハンガリーなどを回りました。

言論の自由を奪われ、共産党の批判をしただけで秘密警察に捕まり、拷問を受けて殺される。そんな恐怖政治に苦しんできた東欧、中欧諸国は、一九九一年のソ連崩壊を受けて直ちに、共産党一党独裁体制を改革し、民主主義国家へと移行しました。

それから二十数年、チェコもハンガリーも、ソ連、共産主義体制の恐ろしさを語り継ぎ、自国の独立と安全を守る重要性を懸命に語り継いでいました。

そんな中欧諸国の姿に感銘を覚えて日本に帰国して、テレビを見たら、豊洲問題と森友学園問題ばかりがクローズアップされていました。

マレーシアでは、北朝鮮の金正男氏が暗殺され、北朝鮮の動向が改めて国際社会で注目を集めていています。お隣の韓国は、朴大統領が罷免され、大統領不在のまま、国内は混乱を極めていました。アメリカも、トランプ政権の誕生で、与党共和党と、野党民主党やマスコミと

の対決が激化するなど、どこの国の政治も大きく混乱しています。

そんな中、日本の国会では、ひたすら大阪府豊中市の私立学校の「モリトモ」問題ばかりに焦点が当てられているのです。

不正があるなら、正さないといけません。しかし、国会において一民間学校の件だけを延々と議論するのはやはり異常です。

「国家の防衛、安全保障を忘れていいのか」。そんな声を日本に突き付けたのは意外なことに、北朝鮮でした。

金正恩・朝鮮労働党委員長率いる北朝鮮が、二〇一七年三月六日、弾道ミサイル四発を発射し、うち三発を日本の排他的経済水域（ＥＥＺ）内に落下させたのです。

安倍晋三首相とトランプ米大統領は七日朝、電話首脳会談を行い、対応を協議しました。何しろ北朝鮮は、弾道ミサイルの標的が在日米軍基地だと表明しているのです。

北朝鮮の弾道ミサイルは射程一千キロで、西日本を射程内に入れています。しかも四発同時に発射できるということは、米軍基地のある八カ所（青森県三沢、東京都横田、神奈川県横須賀と厚木、山口県岩国、長崎県佐世保、沖縄県嘉手納と普天間）のうち、山口県岩国、長崎県佐世保を同時に攻撃することができます。

北朝鮮のミサイルはそれほど精度が高いわけではないので、狙い通りに米軍基地に落ちるわけではなく、ずれて市街地に落ちることもあるわけです。そのミサイルに核爆弾が搭載されていたら、極めて深刻な事態になります。

金正恩氏の首を斬る？

北朝鮮の核兵器とミサイルの脅威に対応するため、二〇〇三年から六カ国協議を行ってきました。六カ国とは、アメリカ、中国、ロシア、韓国、北朝鮮、そして日本です。ところがこの六カ国協議では、北朝鮮に核開発を断念させる代わりに、アメリカや韓国、そして日本が北朝鮮に資金を提供するといった、ほとんど効果のない方策ばかりがとられてきました。

米軍関係者の中には、「あの六カ国協議は、北朝鮮の核開発に対抗して日本が核兵器を持たないようにするために開催されているものだ」という意見もあるぐらいで、北朝鮮の核開発、ミサイル開発を阻止する力にはなってきませんでした。

ところが今回、北朝鮮がアメリカ本土を攻撃できる核弾道ミサイルを開発しつつあることが判明したのです。そのためトランプ政権は、北朝鮮に対して「限定空爆」を含む、金正恩氏を排除する「斬首作戦」を検討していると報じられました。

「斬首」とは、首を斬るという意味です。北朝鮮は、金正恩氏による独裁国家であることから、金正恩氏を「排除」すれば、北朝鮮に核開発を断念させられるのでは、という見通しを持っています。

ているのです。

ジャーナリストの山口敬之氏は「夕刊フジ」公式サイトに平成二十九年（二〇一七）三月八日付で掲載された「【ドキュメント永田町】米軍、北先制攻撃も　日本に「難民」漂着の可能性　正恩氏「斬首作戦」後の極秘計画全容」と題する記事において、次のように指摘しています。

《米軍による「斬首作戦」と「限定空爆」が実行に移される可能性が日増しに高まっている。これに関する情報が米韓から続々と届けられている状況で、日本政府はどういう準備を行っているのか。

それは大きく分けて「軍事」「難民」「経済」に分かれている。

一つ目の「軍事」面では、米軍の第一次攻撃の後に予想される朝鮮半島の動乱状態に、日米韓が一体として対応することを目指して準備が進められている。

軍事の世界では、「戦略」「戦域」「戦術」という軍事作戦のエリア的、規模的概念がある。「戦略」とは米ソ冷戦時代の世界大戦のような最大級の軍事衝突であり、「戦術」とは局地的軍事衝突。その中間に置かれる概念が「戦域」だ。それぞれの規模で核兵器やミサイルが準備され、それぞれのスケールで作戦が立案される。

今回、日米韓が検討を進めているのは、朝鮮半島有事の際、日米韓が「統一した戦域を設定し、一体運用する」という、まったく新しい計画である。これまでも日米の間では、東アジアで想定される、さまざまな危機に対応するものとして検討が進められていた。ただ、朝鮮半島有事については韓国の抵抗もあり具体化していなかった。

しかし、今年に入って北朝鮮情勢が一気に緊張したのを受け、米国の強い要請を受けて、韓国が重い腰を上げた格好だ》

日米韓三カ国が連携して北朝鮮攻撃にあたると言われても、あまり実感が湧かないと思います。しかし、実際に北朝鮮に対する空爆を米軍が実施するとするならば、韓国と日本にも大きな影響があることを考えれば、その具体策を日米韓三カ国で協議するのも当然でしょう。その意味で、いわゆる慰安婦問題で対立している場合ではない事態が迫ってきているのです。

北朝鮮から難民が押し寄せてくる

もし米軍が北朝鮮に対して限定空爆に踏み切れば、北朝鮮は大混乱に陥り、日本にも大きな影響が及ぶことは目に見えています。

まず想定されるのが、北朝鮮から大量の難民が日本に押し寄せてくるケースです。

前述の山口氏はこう指摘しています。

《もう一つ、緊急に検討が進められているのが、日本にやってくる未曽有の規模の「難民」だ。これは北朝鮮が動乱状態に入れば、地中海のシリア難民のように、日本海を渡って大量の難民が漂着する可能性がある。さらに、韓国や他国経由で、船舶や民間機で難民・移民が押し寄せることも想定される。

事態の展開にもよるが、難民の規模は数千人から数万人に及ぶ可能性もあるとみられている。さらに、武装した偽装難民が大挙して来襲した場合の対処も、前代未聞の事態だけに対応を検討する必要がある》

数万人の北朝鮮難民が日本に来るとして、その移動手段は、船となります。

日本としては、日本海沿岸に対する警備体制を強化するとともに、難民たちを一時的に受け入れるためには難民収容所も作らないといけないですが、それをどこに作るかでまず大騒ぎでしょう。

しかも難民たちが武装している可能性、難民たちの中に武装工作員が紛れ込んで日本に入ってくる可能性もあるので、その対応にあたる海上保安庁や警察も現在の人員や装備だけで対応できるのか、という課題も出てきます。

経済的にも大混乱が

当然、経済的にも大きな影響が出てきます。安倍政権は、経済的混乱についての対応も協議していると、山口氏は指摘しています。

《そして、最後は「経済的混乱」への対応だ。
日本は北朝鮮への経済制裁を実施しているため、北朝鮮の体制が崩壊しても日本経済への直接的影響は軽微とみられている。ところが、韓国はそうはいかない。朴槿恵大統領の職務停止という政治的混乱に加え、GDP（国内総生産）の二割程度をたたき出す、サムスングループの事実上の総帥が逮捕拘留されている。そもそも、韓国経済は非常に脆弱な状況にある。
日本政府が懸念しているのは、北朝鮮情勢の混乱をきっかけに韓国経済が最悪の事態に陥るパターンだ。現在、政府内では、韓国経済が受けるインパクトを、北朝鮮情勢の展開パターンに応じて数種類のシミュレーションをしているという》

このように北朝鮮「斬首」作戦に対応して安倍政権は「軍事」「難民」「経済」の三点で対応策を協議していたのです。

さすが安倍政権と言いたいところですが、実はこの三点だけでは不十分なのです。

「軍事」だけでも、最低、次の四つの対策が必要です。

第一に、前述したように、北朝鮮による日本に対するミサイル攻撃です。北朝鮮は在日米軍が攻撃目標だと明言していて、日本の市街地がミサイル攻撃を受ける可能性があります。ミサイル攻撃を受けたら、どうしたらいいのか。そのための法律が平成十六年に成立しています。国民保護法、正式には「武力攻撃事態等における国民の保護のための措置に関する法律」といって、ミサイル攻撃といった武力攻撃事態等において、武力攻撃から国民の生命、身体及び財産を保護し、国民生活等に及ぼす影響を最小にするための、国・地方公共団体等の責務、避難・救援・武力攻撃災害への対処等の措置が規定されています。

問題は、こうした法律があることを国民の大半が知らないことです。

関連して第二に、北朝鮮はすでに日本国内に多数のテロリストを送り込んでいて、いざとなれば、発電所や交通機関などに対するテロを実施する可能性が高いことです。

特に天然痘ウイルスをまき散らすといった生物・化学兵器を使用する恐れもあります。これは、ワクチンの準備も含め医療機関が予め対処方針を立てておく必要があります。

韓国軍の日本進駐、中国の「尖閣」占領も

第三の問題として、韓国側の動きがあります。北朝鮮有事となれば、韓国内にいる北朝鮮のゲリラが一斉に蜂起し、韓国内も大混乱に陥る可能性があります。

その場合、韓国軍は態勢立て直しのために、朝鮮半島の外に軍事拠点を構築する必要があります。

いまのところ済州島を軍事拠点として想定しているようですが、いざとなれば、日本の福岡または山口に韓国軍が来る可能性もあります。

いまから七十年以上も前の朝鮮戦争のときも当時の李承晩大統領は日本政府に対して山口県に臨時の軍事拠点を作らせてほしい旨の打診をしたという話もあります。

第二次世界大戦のときも、ドイツに全土を占領されたフランスは、イギリスに臨時政府を作りました。戦争となれば、外国に臨時政府や臨時軍事拠点を作ることがあるのですが、そうした動きを韓国がしてきたとき、日本政府としてはどうするのか、この点も検討しておく必要があります。

第四に、日米韓三カ国が朝鮮半島有事の対応に追われている隙をついて、中国が例えば尖閣諸島に海上民兵を送り込んでくる可能性も検討しておく必要があります。

日本としては、北朝鮮からの難民対応で海上保安庁の巡視船を日本海に配備しなければならず、尖閣諸島周辺はがら空きになるからです。もちろん自衛隊も朝鮮半島対応に追われています。

その隙を衝こうと、中国なら考えているはずです。

正規の軍隊を送れば国際社会から非難されますが、漁民を装った「民兵」が荒天を避けるために尖閣諸島に避難し、そのまま居座るケースが考えられるのです。表向きは「漁民」ですから、日本としても武力を使いにくいので、こうした火事場泥棒をしてくる可能性も検討しておくべきでしょう。

最後に、この朝鮮有事に際して、北朝鮮に拉致・監禁されている拉致被害者の救出をどうするのか、という課題があります。

安倍政権としてはトランプ政権とこの問題について検討していると主張しています。しかし、具体的にどのようにして拉致被害者を発見して、本人であるかどうかを特定（DNA鑑定などによる特定が必要）し、その人たちをどのようにして日本に連れてくるのか、という具体的な方策までは検討されていないようです。この点の協議も急務です。

朝鮮半島有事に際して政府も地方自治体も検討しなければならない課題が山積しており、「北朝鮮は大変だ」では済まないのです。

五、ついに動き出す憲法改正と民間防衛

安倍総理が明言

日本の安全保障政策が大きく変わろうとしています。

安倍晋三首相は平成二十九年五月三日、民間憲法臨調が都内で開いた集会にビデオメッセージを寄せ、自衛隊の存在を明記した条文を九条に追加し憲法改正を行い、東京五輪・パラリンピックが開かれる二〇二〇年を「新しい憲法が施行される年にしたい」と明言しました。首相が施行時期に言及したのは初めてのことです。

よく知られているように、憲法九条は「戦争の放棄」を謳い、第一項で国権の発動による戦争と、武力による威嚇、行使について「国際紛争を解決する手段としては、永久にこれを放棄する」とし、第二項で陸海空軍などの戦力の不保持と交戦権の否認を記しています。このため自衛隊違憲説が学会では今なお主流を占めているのです。

そこで安倍首相は「私たちの世代のうちに自衛隊の存在を憲法上にしっかりと位置付け、『自衛隊が違憲かもしれない』などの議論が生まれる余地をなくすべきだ」と訴え、具体的には「九条一項、二項を残しつつ、自衛隊を明文で書き込むという考え方は国民的な議論に

値するだろう」と提案しました。

憲法改正を実現するためには、衆参両院に設置されている憲法審査会で改憲草案が作成され、衆参両院の国会議員の三分の二以上の賛成を得た上で、国民投票で過半数の賛成が必要です。

安倍首相がいくら憲法改正をしたいと主張しても、それが実現するためには多くの関門が待ち受けています。


平成二十九年四月二十一日は日本の安全保障の転換点

それでも安倍首相が改憲を主張したのは、現実の危機が間近に迫ってきているからです。一九五〇年六月二十五日に始まった朝鮮戦争の時も、九州では空襲警報が鳴ったことがありますが、実に六十七年ぶりに、ミサイル攻撃という現実の危機が押し寄せてきているのです。

平成二十九（二〇一七）年四月二十一日、菅義偉官房長官は記者会見で、ミサイル攻撃を受けた際、身を守るためにとるべき行動をとりまとめ、内閣官房のホームページにある「国民保護ポータルサイト」に掲載したことを報告しました。

しかも菅官房長官は、都道府県の国民保護担当者を集めて対策会議を実施したこともこう報告しました。

《地方公共団体に対してその旨を通知し、住民への広報について協力を要請したほか、都道府県の国民保護担当者に対する説明会を、本日開催することといたしております。政府としては、引き続き、米国、韓国等と緊密に連携をとりながら、いかなる事態にも対応することができるよう、緊張感をもって、情報収集、警戒監視等万全を期してまいりたいと思います》

この記者会見のポイントは、二つあります。

第一に、ミサイル攻撃を受けることを想定して官房長官が記者会見で「自分の身は自分で守るしかない」と国民に直接注意を呼び掛けたことです。これは恐らく戦後初めてです。

第二に、政府は、都道府県の担当者を集めて緊急会議を開催し、避難について住民への周知と訓練を呼び掛けたことです。

ミサイル攻撃を受けた際の対応について、なぜ都道府県の担当者と協議するのか。自然災害の時と異なり、有事の際に国民を避難・救援するのは、地方自治体の役割なのです。

というのもミサイル攻撃を受けた際、自衛隊はミサイルを撃墜するための行動や外国の軍隊による攻撃から領土を守るための防衛に従事していて、国民の救援活動などはできないからです。

あなたの町は大丈夫？

平成十六年に制定された「国民保護法」第十一条では、地方自治体は、以下のような措置をとることが義務付けられています。

《一　住民に対する避難の指示、避難住民の誘導に関する措置、都道府県の区域を越える住民の避難に関する措置その他の住民の避難に関する措置
二　救援の実施、安否情報の収集及び提供その他の避難住民等の救援に関する措置
三　武力攻撃災害の防除及び軽減、緊急通報の発令、退避の指示、警戒区域の設定、保健衛生の確保、被災情報の収集その他の武力攻撃災害への対処に関する措置
四　生活関連物資等の価格の安定等のための措置その他の国民生活の安定に関する措置
五　武力攻撃災害の復旧に関する措置》

にもかかわらず、いざという時に地方自治体が対応できるかどうか、かなり疑問です。実際に住民の避難訓練を実施し、現在も二十四時間体制で警戒に当たっている秋田県や、市長をトップとする「北朝鮮危機事態対策本部」の設置を具体的に準備している大阪市のような自治体は僅かです。

消防や医療の関係者と話しても、ミサイル攻撃を受けた際、住民の避難と保護、救援が自分達の仕事だと認識している人は決して多くありません。そもそも国民保護法という法律があることも知らない人が多いようです。

そこで政府は、都道府県の担当者を集めて住民の避難・救援、医療や生活物資の確保などが地方自治体の役割であることを再確認すると共に、まずは訓練を実施することを要望したわけです。

その際、重要なのは、民間の人達、具体的には電気、ガス、輸送、通信、医療その他の公益的事業を営む法人、地方道路公社などとの連携です。救助活動が機能するためにも電気、ガス、道路などのインフラの復旧が急務となるからです。

現行憲法では、ミサイルは防げない

せっかく法律ができているのに、地方自治体と病院、消防、警察、学校などが連携して訓練を実施し、問題点を洗い出しておかないと、いざという時に機能しません。

例えば、ミサイル攻撃を受けて多くの負傷者が出た場合を想定して、大量の医薬品も備蓄しておく必要があるのですが、そうした予算は誰が出すのか。政府としては、新規予算を組む必要があるでしょう。

どちらにせよ、避難訓練などを実施し、国民保護体制を構築する責務があるのは地方自治体の首長であり、首長を動かせるのは地方議員です。果たして、その自覚がある地方議員がどれくらいいるのでしょうか。

これまでは「政府から具体的な指示がないと動けない」という言い訳が通用したかも知れません。しかし、四月二十一日、政府は明確に住民に情報を周知するとともに、避難訓練などをするよう呼び掛けた以上、そんな言い訳も通用しません。

しかも官邸は四月二十四日にも、メールマガジンで、北朝鮮の弾道ミサイル発射を警戒し、国民に「身を守るためにとるべき行動」を確認するよう注意喚起しました。メルマガでのミサイル警戒情報の発信は初めてのことです。

いざというとき、自分の身は自分で守る、これを「民間防衛（市民防衛）」と呼びます。諸外国では、ミサイルなどの攻撃やテロなどに遭遇した時、どのように身を護るのか、その方策などを事前に国民に周知しています。

是非ともインターネットにアクセスし、「国民保護ポータルサイト」で検索して中身をチェックして下さい。

敢えてメールでも発信したのは、政府がミサイル攻撃を受けた時の注意を呼び掛けていることを、マスコミが積極的に報じていないからです。東日本大震災の時、「想定外」をさんざん批判したマスコミですが、今回もマスコミの動きは鈍いと言わざるを得ません。

大事なことは、情報の周知と事前の対策です。いざという時、どういう仕組みで政府や地方自治体などが対応するのか、知っているのと知らないのとでは、全く違ってきます。

例えば、文科省も「学校の危機管理マニュアル」にミサイル対応を追加する形で改訂すると共に、学校におけるミサイル危機対応についての情報を児童・生徒に教え、避難訓練を実施するよう全国の教育委員会に周知すべきでしょう。

同様に厚生労働省は、全国の福祉施設に注意喚起をすべきでしょう。福祉施設からすれば、入所者をどう避難させるのかは切実な問題のはずです。

戦後、憲法を守っていれば、戦争に巻き込まれず平和を維持できると思ってきました。しかし、憲法では、北朝鮮のミサイルを防げないことを政府も認めたのです。言い換えれば、外国から攻撃されることを前提に政府も地方自治体も、我々国民も予め準備に準備をしておかなければ、自分の身も家族も守れないことがはっきりしつつあるのです。

そして、その危機はすぐそこまで迫ってきているのです。それは全国各地の寺社に対する油散布事件と関係しているのです。

ここ数年、全国の神社や重要文化財などに油などの液体が撒かれ、汚損される事件が相次いでいます。

平成二十九（二〇一七）年四月三日には、明治神宮の鳥居や門など四地点十五カ所に油のような液体が散布されました。産経新聞などによれば、犯人は朝鮮族の中国籍の女二人で、油のような液体を散布した容疑で、既に日本から出国していた二人に逮捕状が出されました。

警視庁捜査一課によると、二人は中国・吉林省出身。三月二十七日に中国・上海から那覇空港に入国し、三十日に那覇空港から空路で伊丹空港に移動。四月一日には新幹線で東京に入り、四日午前一時半に羽田空港から上海に帰国したといいます。

わざわざ高い飛行機代をかけて、なぜ神社に対する嫌がらせをしたのでしょうか。

米テロ専門家の警告

そんな疑問にヒントをくれたのが、平成二十九年四月中旬に来日した元米軍のテロの専門家のCさんでした。

六本木で一緒にランチを取りながら話をしていたら、中東でテロ対策を担当していた経験を踏まえCさんは、一連の神社に対する油被害事件は、本格的なテロの予行練習だと見なした方がいいと指摘したのです。

Cさんの説明はこうです。

神社に油を撒いて、それをどれくらいの時間で発見するか。監視カメラの性能はどの程度か。

発見したとき、警察などはどのような捜査を行い、その後、どのような警備体制をとるか。また、どの神社やお寺なら警察の人員がどれくらい動くか。一般の国民はその捜査にどれくらい協力的か。

そもそも寺社に対する油散布事件を治安当局は、どのように分析するのか。そのような観点から、日本の治安当局の体制と能力をチェックしているのだというのです。

確かに警察の人員には限りがあります。寺社などに油を撒くだけで、多くの警察官を動かすことができることが分かれば、テロを考える勢力は意図的にそうした事件を各地で起こすでしょう。そうすれば、鉄道、水道、発電所といった重要インフラ施設に対する警備が薄くなります。

このように寺社油被害散布事件の背後には、朝鮮有事といった事態を想定して各地で騒動を起こして治安当局の能力を調査すると共に、その能力を予め削っておこうという意図があるのかも知れないのです。

治安当局をくたくたにして注意散漫に追い込んでおけば、いざというとき重要インフラ施設に対するテロは容易になる、というわけです。後方攪乱工作を仕掛けることで相手国の戦力を分散させるというのは、昔から戦いの常道です。

しかも寺社油被害散布事件を単なる嫌がらせとして受け止めているとするならば、日本の治安当局は、相手のそうした悪意を理解できていないことになります。それは即ち、国際的なテロの手口について正確な知識を持ち合わせていないことにもなるのです。

寺社に対する油散布事件のすべてがそうした意図に基づいて実施されているとは思いません。単なる嫌がらせもあるかも知れませんが、明治神宮のケースのように、朝鮮族の中国人がわざわざ上海から沖縄経由でやってきて、油を撒いたのです。そこに明確な意図があると思った方がいいと思います。

残念ながら、北朝鮮によるミサイル攻撃といい、寺社に対する油散布事件といい、確実に危機が足元に忍び寄ってきていて、その備えが求められているのです。

具体的には「自分と家族は自分たちで守る」民間防衛の自覚をもつこと、「自分の地域は地方自治体と警察・消防と連携して守る」国民保護法を徹底すること、そして防衛費増加と自衛隊法の整備、そして憲法改正によって「自分の国は自分で守る」防衛態勢を拡充すること――このように家族、地域、国の三段階でいかに平和と安全を確保していくのかが問われる時代に入ったのです。

Ⅱ

弱い日本がアジアを不安定にしている

――平和を守るために戦争に備えよ

一、貧乏で、歪な自衛隊

死覚悟のスクランブル

北朝鮮はこの二十年間、欧米諸国の経済制裁を受けながらも核兵器とミサイルの開発を推進してきました。これができるのも裏で中国政府が北朝鮮を支援してきたからです。ところが歴代のアメリカ政府は、北朝鮮を中国が支援していたことを黙認していました。黙認するどころか、中国の軍事的な台頭に対しても、口先で批判するだけで有効な措置をとってきませんでした。

平成二十九（二〇一七）年春、沖縄の航空自衛隊の基地を視察しましたが、連日のように中国の戦闘機が尖閣諸島周辺空域に侵入してくるので、その対抗措置のため、航空自衛隊の戦闘機はほぼ連日、スクランブル発進をしています。

スクランブル発進とは、日本の領空を侵犯する外国の飛行機に対して「この空域は、日本の領空なので直ちに退去しなさい」と注意する措置です。もしこの措置に従わず、相手の戦闘機が攻撃を仕掛けてきたら、戦死する可能性もあるのです。言い換えれば、航空自衛隊のパイロットは、スクランブル発進をするたびに戦死する覚悟を迫られているわけです。

このスクランブル発進が平成二十八（二〇一六）年は一年間で九百回を上回り、その大半が中国の戦闘機を対象としています。まさに命がけで日本の領土を守ってくれているのです。

貧乏自衛隊の実態

このように災害救助や国連平和維持活動だけでなく、朝鮮半島有事、尖閣諸島への中国軍機や軍艦による侵犯対応などで、自衛隊の出番は急激に増えてきています。

そこで安倍政権としても防衛費を増加させていますが、全く足りないのが実情です。自衛隊は世界一強い軍隊だと信じ込んでいる人も多いようですが、実態は異なります。

確かに自衛官は世界的に見ても、極めて優秀だと思います。

しかし、憲法九条の制約と予算不足、そして長年、米軍の補完勢力として位置づけられていたこともあって普通の国家の「軍隊」とは程遠いのです。

米軍の補完勢力として位置づけられているというのは、これまで日米同盟では「矛（攻撃）は米軍、盾（防御）は自衛隊」という役割分担がなされていて、日本は、相手国を攻撃する軍事力を保有していない、極めて歪《いびつ》な「軍隊」なのです。

しかも、防衛予算は国内総生産（ＧＤＰ）の一％にするという自主規制をしているため、そもそも予算が圧倒的に足りないのです。

そんな自衛隊の歪な実態を分かりやすく描いた連載が「日刊ＳＰＡ！」で行なわれていました。題して「何もかもが足らない！　ボンビー自衛隊の実態！」だ。著者の小笠原理恵さんは連載第一回の冒頭でこう指摘します。

《二〇一七年度予算案の防衛費は過去最大の五兆一千億円前後となる予定で、華々しい自衛隊の正面装備の数々が並び、自衛隊は世界第四位の軍事力と言われています。迫りくる日本周辺国の脅威に備えながら、北アフリカ・アデン湾の海賊対処や南スーダンへの派遣、東京オリンピックでのテロ対応のために最新鋭の装備を備えています。警戒監視やスクランブル対応のために最新鋭戦闘機のライセンス生産の契約もとりつけました。艦艇は大型化し、潜水艦は増え、離島防衛のための戦闘機、水陸両用車やオスプレイの導入、サイバーテロ対策や災害派遣、救助装備なども充実してきています。

しかし、装備が増えたにもかかわらず、自衛隊の人員や整備や消耗品関係の予算はほとんど増えていません。大型化すれば燃料費や必要な乗組員数も増え、最新装備を導入すれば新たにそれらを運用する人員もプラスで必要となるはずです。ＰＫＦやテロ対策、災害派遣など対応すべき任務は増えているのに、実質的な人員も予算も増えていません。やるべき仕事が増え、装備品が大型化し、新装備を導入すれば、整備や補給、輸送など兵站にかかる費用は増えるはずなのに不思議ですよね。

つまり自衛隊は装備品では一流ですが、兵站を極端に削ってGDP一％程度に抑えているいびつな軍隊なのです》（平成二十八年十二月二十二日付「日刊SPA!」）

トイレットペーパーも自前

自衛隊はどれだけ貧乏なのでしょうか。

例えば、自衛官が仕事をしている駐屯地では、トイレットペーパーは自前なのです。

《自衛隊の任務は次々と多様化しましたが、その予算は十年前と変わらない水準で正面装備にお金をかけるが、それを動かす補給や兵站を犠牲にして成り立っているのは明らかです。主要な任務、日本の領海領土を守ることを主目的とする自衛隊では、それ以外の予算を徹底的に削っています。トイレットペーパーがないのもその一つです。

トイレットペーパーなどの消耗品の予算は、備品調達予算と呼ばれています。備品調達予算では、トイレットペーパーは事前に一人一回四十五㎝から五十㎝で計算されています。でも、そんな定量で多くの人が使う消耗品が済むはずがないですよね。人によって使い方は違うし、物差しをもってトイレに入る人はいませんもん。

足りない分はどうするんでしょうか？　比較的予算が潤沢な空自以外はペーパーに困って

います。陸自は隊員が各々マイトイレットペーパーを持ち歩いていることも多いようです》

軽視されている自衛官の生命

トイレットペーパー不足ならまだ笑って済ませることができますが、弾薬や燃料不足で《継続しての戦闘能力の維持ができない》というのですから事態は極めて深刻です。

弾丸や燃料不足について防衛省の担当者に何度も問い合わせをしましたが、担当者は「それは機密事項なので詳細を教えることはできません」の一点張りでした。

確かにどれだけの弾丸や燃料を備蓄しているのかということは、どれだけ戦い続けることができるのか、ということにつながります。よって国家機密だというのは分からないでもないですが、それでも不安で色々と聞いたら、自衛隊の元幹部がこそっと教えてくれました。

《恐らく海上自衛隊の護衛艦などが戦闘状態に入ったとして、戦い続けることができるのはせいぜい十数分だろう。自衛隊の基地が相手から攻撃を受けずに戦い続けることができたとしても一カ月持つかどうか》

東日本大震災のとき、航空自衛隊のヘリなどが被災者の救助のために十分に活躍できなかったのは、飛行場がダメになったこともありますが、何よりも燃料の備蓄が少なく十分に動けなかったという話を聞いたこともあります。

しかも防衛費不足は、自衛官の命を脅かす事態を生んでいるといいます。小笠原さんはこう指摘しています。

《自衛隊の一般隊員の個人携行緊急品は「緊急袋、止血帯、緊急包帯」だけでした。国際活動などの特別装備になってやっと「チェストシール（銃創などで肺に穴が開いた時の応急処置用）、止血ガーゼ（四肢以外の止血部位の止血用）、人口呼吸用シート、はさみ」などが追加されます。しかし、その使い方すら各々の隊員にこれまで教えていなかったようです。

演習訓練時に高熱がでたがその場を離れることができなかったため、衛生隊員に熱さましを要求したところ、「バファリン」を渡されたという話があります。医師が処方できるような薬を処方箋なしに持ち歩くことはできないため仕方ないことですが、必要な薬が必要時にだせなければ隊員の命にかかわりますし、薬があれば免れた激痛に苦しむことになります。

（中略）

いくら自衛隊が貧乏だからといっても、国のために働く自衛官へのリスクを無視しすぎています。平成二十八年度 防衛省行政事業レビュー外部有識者会合で、個人携行救急品を全隊員分確保した場合、約十三億円が必要だから、限られた予算での確保は現実的ではないと隊員の命をバッサリと切り捨てています。その自衛官をつかって災害時に国民の救難を行うのはなんというブラックジョークなのでしょうか》

私も知人の米軍関係者から、自衛隊の医療キットのレベルは、米軍の軍用犬、つまり犬以下だと聞いています。小笠原さんはこう続けます。

《傷病者の命を救うためには、すぐに止血などの応急処置をしたら後方に送り、緊急病院に搬送する必要があります。傷病兵を搬送するための車両や航空機、その輸送するための装置もシステムも構築されていません。正面装備や燃料を減らして備品を買おうという感覚では誰も救えなくなります。

医師法や薬剤師法との調整もあり、簡単にはかえられませんが、自衛隊の緊急救命体制も人手、予算も、装備も訓練体制、どれもまったく足りないのです》

さすがにこれはまずいということで、安倍政権は平成二十七年四月二十二日、防衛省の中に「防衛省・自衛隊の第一線救護における適確な救命に関する検討会」を設置し、自衛官の緊急救命体制について検討を開始しましたが、これも結局は予算の問題に行きつきます。

国民の生命も軽視

北朝鮮のミサイル実験を受けて平成二十九（二〇一七）年三月二十九日、自民党は安全保障調査会・国防部会合同会議を開催しました。この会議に防衛省は「弾道ミサイル防衛について」という説明資料を提出しました。

これによると、北朝鮮や中国などが日本に対して弾道ミサイルを打ってきたとき、日本はミサイル防衛システムで守ることになっています。

それは二段階あり、第一段階ではミサイルが大気圏にいる間に、海上自衛隊のイージス駆逐艦が探知し、撃墜する。それで撃ち漏らしたミサイルは大気圏突入段階で、航空自衛隊のペトリオットPAC—3という迎撃ミサイルで対応することになっています。

問題は、第一段階では日本列島全体をカバーしているのですが、第二段階になると、ペトリオットを配備している半径数十キロしか守れないのです。ということは、北海道（札幌を除く）や東北（青森を除く）、新潟などの日本海側、中国、四国と南九州には、ペトリオット配備をしていないので、ミサイル攻撃に対して全くの無防備ということになります。

北朝鮮が日本に向けているミサイルの数は千百基以上もあると試算されています。これはアメリカや韓国の軍事研究機関が発表している数字で、射程一千キロ前後のスカッドは八百基以上、最大射程が千三百キロのノドンも三百基と言われていて、これだけの数のミサイルを迎撃することは困難です。よってミサイル発射基地を攻撃するしか国民を守ることはできない状況です。

そのため自民党は平成二十九（二〇一七）年三月三十日、安倍晋三首相を首相官邸に訪ね、敵のミサイル基地を攻撃する「敵基地反撃能力」保有の早期検討を柱とする提言書を手渡しました。安倍総理は「提言をしっかりと受け止め、党とよく連携していきたい」と表明しました。

この動きに対してトランプ政権の米太平洋艦隊（海軍）のスウィフト司令官は四月六日、東京都内で一部記者団と会見し、自衛隊の敵基地攻撃能力保有をめぐる議論について「日本政府がその道を取ると決めれば、日米の軍事関係は容易に適応できる」と述べ、米軍・自衛隊間の調整にそれほど大きな問題は生じないとの見方を示しました。

実は敵基地攻撃能力を保有することについては過去何度も議論しているのですが、これまではアメリカ政府が「弱い日本」であることを望む場合が多く難色を示され、挫折してきたのです。

ところがトランプ政権はアメリカの歴代政権の中でも珍しく、日本が軍事的に強くなること、つまり「強い日本」を支持する勢力が強く、トランプ政権からの妨害は少ないと思われます。

むしろ問題は、「防衛費を増やさないことが平和を守ることだ」と考える一部の野党やマスコミ、そして財務省です。防衛予算を増やさなければ敵基地攻撃能力を保有できないからです。

どこの国も、防衛費は経済力に見合った形で整備していて、その平均はＧＤＰ比の二％です。ところが日本は世界標準の半分のＧＤＰ比一％しか使っていないのです。

自衛官の待遇改善と救命医療体制の拡充、継戦能力向上のための弾薬・燃料の備蓄、ミサイル防衛体制の充実、敵基地攻撃能力の保持と、これまで不十分だったところを整備しようと思えば、追加の予算が必要です。

防衛費をせめてＧＤＰ比二％に増やし、領土・領海と国民の生命・財産を守ることができる日本へとしていきたいものです。

二、ワームビア青年の死がアメリカを変えた

外国に不当に拘束された自国民に冷たかったオバマ民主党政権

二〇一七年六月十九日、北朝鮮に拘束されていたアメリカのバージニア大学の学生、オットー・ワームビアさん（22）が亡くなりました。この青年の死がアジア情勢を大きく変えることになりました。

北朝鮮当局によれば、ワームビアさんは二〇一六年一月、北朝鮮旅行の帰国直前、ホテルから展示物を盗み、持ち帰ろうとしたとして拘束され、同年三月、『国家転覆陰謀罪』で労働教化十五年の判決を受けた後に、ボツリヌス菌に感染し、睡眠薬を服用したところ、昏睡状態に陥ったということです。

北朝鮮による不当な逮捕に対して何とかしてほしいと、ワームビアさんの父親のフレッド氏は、オバマ民主党政権に何度も要請しましたが、何も動きませんでした。

ところが二〇一七年になってＦＯＸテレビが番組で取り上げたところ、共和党のトランプ大統領がそのことを知って、北朝鮮に圧力をかけ、ワームビアさんは六月十三日、昏睡状態で解放されて、十四日、空路帰国しました。

ワームビアさんが昏睡状態で帰国した様子はテレビで報じられ、翌十五日、父親は「北朝鮮の説明は信じられない。息子をこのように扱うなど弁解の余地はない」と述べ、北朝鮮を激しく非難しました。更にトランプ共和党政権に対しては「感謝する」と述べる一方、オバマ前民主党政権は事を荒立てないよう求めるばかりで「何の成果も上げなかった」と批判しました。

オバマ民主党政権は、人権問題に熱心であるかのように報じられてきましたが、実際は、人権に冷たかったわけです。その一方で、「不法移民」問題などで、人権問題に冷たいと非難されてきたトランプ大統領は、懸命に北朝鮮に拘束された自国の青年を救出しようとしたのです。

ワームビアさんが六月十九日、死亡すると、トランプ大統領は「親にとって、子供を失うことほど悲惨なことはない」「米国は改めて北朝鮮体制の残忍さを非難する」とする緊急声明を出し、北朝鮮を真正面から非難し、「無実の人々が捕らわれる悲劇を防ぐ」ため、米国民の北朝鮮への渡航禁止の検討を命じました。

ティラーソン国務長官（当時）も「米国は、北朝鮮にワームビア氏を不当拘束した責任を負わせる」と断言し、北朝鮮に拘束されている別の米国人三人の解放を要求する声明を出しました。

激高するアメリカ世論

このワームビアさんの死は、アメリカを大きく変えつつあります。

ジャーナリストの加賀孝英さんはこう指摘しています。

《米国のテレビが執拗《しつよう》に「彼は殺された」と報道し、北朝鮮を非難している。米全土、一般市民から、北朝鮮に対する激しい怒りが吹き出している。こんな事態は、初めてだ》(平成二十九年六月二十七日付夕刊フジ)

二〇一七年春からの北朝鮮の核開発問題について、アメリカの世論はさほど関心はありませんでした。アメリカはヨーロッパからの移民で成り立ったこともあり、母国のヨーロッパと中東の動向の方が関心が高いのです。

ところがこのワームビアさんの事件で、北朝鮮に対するアメリカ世論の関心は一気に高まりました。おかげでトランプ政権は、野党民主党からも支持を得て北朝鮮に対応できるようになってきているのです。

というのも、アメリカは二大政党で、トランプは共和党です。そして野党の民主党と激しく対立してきたため、二〇一七年一月に大統領に就任したのちも、野党の嫌がらせが続き、官僚幹部人事もなかなか決まりませんでした。

こんな調子ですから野党の民主党は、北朝鮮の核問題で軍事行動を検討しているトランプ政権に対して冷ややかだったのですが、ワームビアさんの事件によって世論が変わり、超党派で北朝鮮制裁に踏み切る政治環境が生まれたのです。

なぜトランプは習近平と連携したのか

平成二十九（二〇一七）年の春、北朝鮮の核開発と弾道弾ミサイルの問題に関連して「原子力空母カールビンソンが北上してきた」「アメリカは北朝鮮に大規模軍事攻撃をかけるのではないか」、あるいは「『斬首作戦』で金正恩暗殺のための部隊を送り込む」といった話がテレビでも盛んに報じられました。

ところがアメリカは、軍事行動に踏み切りませんでした。それは、軍事行動をしなかったのではなく、軍事行動に踏み切れなかったというのが実情です。そこには同年春の時点で大きく言って、次の四つの理由がありました。

一つは、「オバマ・リスク」です。

北朝鮮の首都・平壌を空爆することは簡単なのですが、ミサイルや核については、北朝鮮は山中に地下約五〇メートルの軍事秘密基地をつくっていて、それがどこにあるのか、当時、米軍は全部把握できていなかったと言われています。的確な攻撃をするためには、正確な情報が必要なのです。

オバマ民主党政権の時代に、こうした情報を把握するためのインテリジェンス能力を削る、具体的には情報収集の担当者を次々にクビにし、予算を削ったのです。このオバマ民主党政権の間に、北朝鮮に関する情報収集体制はボロボロにされました。

このため「斬首作戦」で金正恩を暗殺すると言っても、影武者が何人いるか分かりませんし、そもそも金正恩がどこにいるのか把握できていません。金正恩の居場所と本人確認のＤＮＡ情報を入手し、特定するだけでも、最低一年はかかると言われていました。

そこでトランプ政権はやむなく時間稼ぎもかねて、北朝鮮の内情に詳しい中国の習近平政権に対して「中国から北朝鮮に圧力をかける」よう要望したのです。

もちろんトランプ政権は、習近平政権が本気で北朝鮮の核開発を阻止するつもりだとは思っていなかったのですが、当面は、中国の「情報」に頼らざるを得なかったのです。

同時にアメリカ独自の情報収集、攻撃態勢も整えようとしていて二〇一七年三月、トランプ政権は軍事予算を日本円で六十八兆円に増やすよう連邦議会に提案しました。

更にＣＩＡのマイク・ポンペオ長官（当時）によると、北朝鮮の核・ミサイル開発の進捗状況などの情報収集を専門に担当する「朝鮮ミッションセンター」（Korea Mission Center）を五月十日に発足させていますし、在韓米軍も金正恩の情報を担当するインテリジェンスの部隊を再建したようです。

慰安婦問題でアメリカは対韓不信に

二つ目は「中国リスク」です。

仮に金正恩を暗殺できたとしても、問題は北朝鮮に核と弾道ミサイルの開発をやめさせられるかどうかであって、金正恩を殺しただけでは問題の解決にはなりません。代わりの人間が、また核開発を続けるかもしれないわけです。

それに、何もないままにただ金正恩を暗殺したら、北朝鮮は今まで以上の中国の属国になるだけです。米軍が多額の金を使って得するのは中国――トランプ政権としては、そんなバカげたことはしたくありません。

ということは、核開発をやらない傀儡政権を北朝鮮につくる必要があるということです。傀儡政権をつくるためには、中国、韓国、日本、ロシア、これら関係各国の間でポスト金正恩の政権の枠組みはどうしたらいいかきちんと議論し、合意していくことが必要で、その議論の枠組みを今水面下で検討していると思われますが、この議論に日本はどこまで食い込めるのか、大きな課題です。

三つ目は「韓国リスク」です。

よく「北朝鮮を攻撃したら反撃されてソウルは火の海になる」と言われますが、そうなった時には約百万人の犠牲が出ると言われています。暖かくなると、大量の死体を放置したら伝染病になります。ですから、米軍は二〇一七年の春から野戦病院をどこにつくるのかという具体的な準備を始めていると言われています。

さらにこの「犠牲者百万人のリスク」以上のリスクがあります。それは「慰安婦問題」です。日米韓で北朝鮮を核開発阻止のための協議をしていますが、その協議のときに韓国側は日本に対して「慰安婦問題で未だに謝っていないではないか」「日本大使を韓国に戻さないのはおかしい」と言ってくるわけです。

問題は、そういう姿を見て、米軍の幹部たちが韓国に嫌悪感を覚えていることです。日本は七十年前、韓国がロシアの属国にならないように死にもの狂いで助けました。

にも関わらず、慰安婦問題のようなことだけを使って七十年経った後もネチネチ言い続ける。米軍は北朝鮮の攻撃から韓国を守ろうとしているけれども、韓国で被害が出たら「米軍のせいで犠牲になった」とネチネチ言ってくるに違いない、こんな連中を助ける必要があるのだろうか――と米軍の幹部は思い始めています。

かと言って、韓国を見捨てるわけにはいかないのです。

韓国を見捨てたら、防衛ラインが対馬海峡になります。北九州は対韓国の軍事の最前線になり、日清戦争と同じ状況が九州を直撃することになります。福岡は国際観光都市ですので、安全保障のリスクが高まれば、観光にも大きなダメージになります。

長崎の佐世保の先の済州島に韓国海軍の基地があります。中国海軍はこの基地の使用を、韓国政府に再三申し入れてきました。二〇一七年五月に極左と言われる文在寅が韓国大統領になったので、その要望は恐らく認められることになるでしょう。ということは、近い将来、対馬海峡に面する済州島に中国海軍の基地ができるということです。

今、尖閣・沖縄で、中国の戦闘機や軍艦が嫌がらせのように連日、領空・領海・ＥＥＺ侵犯をやっていますが、同じ状況が対馬に対しても起こり始めるということです。既に平成二十九（二〇一七）年一月、中国の戦闘機八機が対馬海峡を往復しています。

日本がトランプ政権の足を引っ張っている

その上で、四つ目の「日本リスク」です。

朝鮮半島の本格的な軍事紛争が始まった場合、米軍は朝鮮半島に釘づけになります。そして、日本の自衛隊は、日本海側に展開してミサイルを撃ち落とすための準備をしなければいけません。

海上保安庁は、五万人とも言われる在韓邦人の救助と、韓国から来る難民船の対処で手一杯になります。そうなると南西諸島の警備がガラ空きになります。残念ながら、中国はその隙をついて尖閣諸島や南西諸島を攻撃したり、占領したりしてくるかも知れません。

アメリカ防総省も二〇一七年六月六日、中国の軍事情勢に関する年次報告書を発表し、中国人民解放軍が、台湾侵攻や南シナ海での島嶼防衛のため、水陸両用部隊による上陸作戦の遂行能力を高めようとしている、と指摘しています。

中でも、海軍陸戦隊（海兵隊）は、沖縄県・尖閣諸島への急襲作戦も念頭に部隊の育成を進めているといいます。

これに対抗して安倍政権は、沖縄県の宮古島に地対艦ミサイル部隊の配備を決定したり、尖閣防衛のための海上保安庁の小型巡視船九隻の建造を進めているわけです。

とにかく朝鮮半島有事の隙に、中国に尖閣諸島を不法占拠されたりする事態になれば、今度は台湾が危なくなります。アメリカの保守派は台湾を支持しており、この保守派の支持を受けてトランプ氏は大統領になりました。

台湾が危なくなれば、アメリカの保守派はトランプ大統領を支持しなくなり、選挙で共和党は負けることになります。選挙で勝ち続けなければ政権は維持できませんから、トランプ政権としては、台湾や沖縄を危機にさらすようなことはできないのです。

要するに、トランプ政権の足を引っ張っているのは日本なのです。果たしてこの「自覚」がある日本人はどれくらいいるのでしょうか。日本の自衛隊と海上保安庁の人員が少なく朝鮮半島有事対応と南西諸島防衛を同時にできないため、トランプ政権は北朝鮮攻撃に踏み切ることができない、という側面があるのです。

尖閣・沖縄の危機迫る

ところがワームビアさんの事件が起こり、アメリカ世論も激高、中国の習近平政権も北朝鮮の核開発阻止に協力するつもりがないこともはっきりしてきました。

そこでトランプ政権は、次の手を打ってきています。

ティラーソン米国務長官は二〇一七年六月二十七日、国務省で各国の人身売買の実態をまとめた年次報告書を発表し、北朝鮮について「強制労働によって違法な収入源をつくり出している」と批判。「五万~八万人の北朝鮮市民が中国やロシアなど海外で強制労働に従事し、多くが一日二十時間働いている」と強調。労働者の収入の大部分は北朝鮮政府が収奪していると指摘しました。（六月二十八日付時事通信）

トランプ政権としては、北朝鮮が海外に派遣している出稼ぎ労働者の外貨収入が北朝鮮の核・ミサイル開発の資金源の一つになっているとみて、各国に受け入れ停止を呼び掛けたわけです。

しかもこの報告書では、中国国内のウィグル人に対する強制労働問題も取り上げ、人身売買の被害者保護の取り組みを評価する四段階の分類で、中国を最低ランクに格下げしました。

最低評価の国に対しては、教育交流支援の資金援助を停止するなどの制裁を科すことができるので、北朝鮮に対する経済支援を続けるならば中国に制裁を科す意向を明確にしたわけです。

更に在韓米軍のビンセント・ブルックス司令官は七月五日、北朝鮮が前日に大陸間弾道ミサイル（ＩＣＢＭ）の発射実験に初めて成功したと発表したことを受け、「停戦と戦争を隔てているものは自制という選択肢のみだ」として命令が下れば米韓は北朝鮮と戦争を始める用意があると警告しました（七月五日付ウォールストリートジャーナル）。

テレビ報道は少なくなっていますが、北朝鮮「有事」の危機は確実に近づいています。それはすなわち、尖閣・沖縄を含む南西諸島の危機でもあるのです。

三、米中結託か、日米連携か

トランプ政権は意外と盤石

アメリカのトランプ政権は人事のゴタゴタが続いていて、いろいろと問題が多いようですが、アメリカ経済は好調です。

二〇一七年八月二日のニューヨーク株式市場は、IT企業アップルの業績が市場の予想を上回ったため買い注文が出て、ダウ平均株価は初めて二万二千ドルを超えて最高値を更新しました。

トランプが大統領に当選した平成二十八（二〇一六）年十一月は、一万八千ドル弱でしたので、約四千ドルも上昇したことになります。

株価は景気のものさしですので、トランプ政権になってアメリカ経済は好調なのです。そして経済が良ければ、政権内部のゴタゴタがあっても支持率はさほど下がらないものです。

日本にも自民党の他種々野党があるように、アメリカも一枚岩ではなく、多様な政治勢力が存在しています。政党としては、主として次の二つの政党が存在します。

中小企業や熱心なキリスト教徒に支援され、経済発展や道徳を重視する保守系の共和党労働組合や少数民族出身者たちに支援され、福祉や人権を重視するリベラル系の民主党

そしてトランプは、共和党なのです。このトランプ政権の間に、日米関係は大きく変わっていく可能性があります。特に「日本は侵略国家だ」とする東京裁判史観を見直す契機になるかも知れないのです。

先の大東亜戦争、第二次世界大戦について、アメリカの学校教育で教えられていることを鵜呑みにしてアメリカ人の大半は、「日本が悪い」と思い込んでいますが、そうした事態が変わっていく可能性が出てきているのです。

戦前、日本を追い詰めたのは民主党政権

先の戦争のとき、日本が戦ったアメリカの政権は、ルーズヴェルト「民主党」政権でした。このルーズヴェルト政権は「アジアで戦争を起こしているのは日本であり、アジアを平和にするためには、日本を弱くすべきだ」として、日本を敵視し、ソ連や中国を擁護する外交政策を展開していました。

しかし、当時のアメリカの対アジア貿易の大半は日本相手であり、アメリカの経済界は日

本との連携を強化しようとしていました。このため、ルーズヴェルト政権が日本を敵視していたことに対してアメリカの経済界や野党の共和党は強く反発していました。

このようにアメリカ国内では戦前、日本に対して全く異なる見方が存在していたのです。日米戦争はアメリカの勝利に終わりましたが、ルーズヴェルトの見通しは外れ、アジアに平和は訪れませんでした。ソ連がアジアに侵攻し、ソ連の後押しを受けた金日成が朝鮮半島の半分を支配下に置き、北朝鮮を建国しました。中国大陸でも、ソ連から軍事援助をしてもらっていた毛沢東率いる中国共産党が蔣介石政権に戦争を仕掛け、一九四九年、中国共産党が中国大陸を支配しました。

中国共産党は、中国を建国すると直ちに、土地を国有化し、アメリカのキリスト教徒たちが百年近く懸命に献金し、中国各地に建てたキリスト教教会はすべて没収され、中国に住んでいた神父や牧師は国外に追放されました。

このため、中国で布教をしていたキリスト教徒や、蔣介石政権を応援していたアメリカの政治家や篤志家たちは、中国が共産党の支配下に入ったことに強く反発しました。

「われわれは、敵を間違えたのではないのか。われわれが戦うべきは、ソ連と、ソ連から支援されていた中国共産党ではなかったのか」

こういう意見が、野党の共和党を中心に出されたのですが、残念ながら、アメリカの大勢を占めるまでには至りませんでした。

ルーズヴェルト大統領にとり入ったソ連のスパイ

第二次世界大戦前、国際政治の主導権を握っていたのは、世界中に植民地を持っていたイギリスでした。

ところが第二次世界大戦でイギリスのアジア支配を解体した日本のおかげで、戦後、アジア諸国は次々と独立国家になり、イギリスは没落したのです。

代って国際政治の主導権を握る「覇権国」になったのがアメリカでした。ヨーロッパに莫大な武器を輸出したことで莫大な利益を得たアメリカは世界一の金持ちになりました。しかもイギリスに代って世界でナンバーワンの国になったのです。

第二次世界大戦はアメリカの勝利に終わり、ルーズヴェルト大統領は、「アメリカを世界の覇権国にのし上げた英雄」でした。

そのためアメリカでは、一部の学者や政治家たちが「ルーズヴェルト民主党政権の親ソ反日外交は間違っていた」と訴えたのですが、その声が大きくなることはありませんでした。「第二次大戦を勝利に導き、アメリカを世界一の大国にした英雄であるルーズヴェルト大統領を批判するなんて、けしからん」と、ルーズヴェルト批判をすることはタブー視されるようになったのです。

転機が訪れたのは今から二十数年前の一九九五年のことです。

アメリカの国家安全保障局が、ヴェノナ文書という国家機密文書を公開したのです。この文書は戦時中、アメリカ陸軍の情報部が、ソ連の機密電報を秘密裡に傍受し、解読したもので、その電報の分量も五千頁にものぼります。

このヴェノナ文書によって、ルーズヴェルト民主党政権の中に、ソ連のスパイ、協力者が多数入り込んでいたことが発覚しました。特にアルジャー・ヒスという大統領側近が連に有利になるようにアメリカの外交政策を歪めていたことが判明しました。

これで、ルーズヴェルト民主党政権のソ連びいき外交を批判していた共和党系の政治家や学者たちは一気に勢いづきました（この辺りのことは、『アメリカ側から見た東京裁判史観の虚妄』（祥伝社新書）に詳しく書いているので、ご関心のある方は是非ともご一読ください）。

ところが、アメリカのマスコミは基本的に民主党びいきで、ルーズヴェルト民主党政権批判の記事は紹介しようとしません。しかも厄介なことに、アメリカの官僚たちもサヨク・リベラル、つまり民主党びいきが多いのです。

サヨク・リベラルというのはいわゆる社会主義、つまり国益や家族よりも個人の人権が大事であり、道徳や神仏を嫌い、金持ちから多額の税金をとって貧しい人がいれば政府は福祉を提供すべきだと考える人たちです。

アメリカ国務省やＣＩＡは中国びいき

しかもアメリカの外交政策を担当する国務省には、サヨク・リベラルが多く、中国びいきなのです。対外情報機関のＣＩＡもまた、どちらかと言えば、中国びいきです。日本で言えば、かつての民主党や朝日新聞を支持する人が国務省やＣＩＡには多いのです。

アメリカは自由主義の国であり、社会主義を掲げる中国とは敵対していると「誤解」している人が多いのですが、実際はそうでもないのです。

しかも二〇〇九年から二〇一七年までの八年間、アメリカは、サヨク・リベラル系のオバマ民主党政権でした。このため中国びいきの国務省やＣＩＡが対日政策を左右していて、安倍政権に対して防衛体制を強化することは認めるが、いわゆる東京裁判史観の見直しは許さない、という高圧的な姿勢が目立ちました。

例えば、安倍総理が平成二十五（二〇一三）年十二月、靖國神社に参拝した際も、アメリカの駐日大使館は「失望した」というコメントを出しました（誤解のないように申し添えると、アメリカの在日米軍の司令官たちはこれまでもたびたび、日本の戦歿者に敬意を表するために靖國神社に参拝しています。アメリカの国務省と、在米米軍、国防総省とでは、靖國参拝に対する見方が全く異なるのです）。

第二次安倍政権は平成二十七（二〇一五）年二月、終戦七十年に際して日本の歴史認識についての見解をまとめるべく、政府に諮問機関を設置しましたが、その委員の大半が日本を侵略国とみなす、いわゆる東京裁判史観の持ち主でした。

その背景には、オバマ民主党政権の意向を受けた外務省の横槍があったと言われています。この諮問機関の委員であり、東京裁判史観の見直しを主張しながら、その意見を無視された京都大学の中西輝政名誉教授は月刊『正論』平成二十九（二〇一七）年二月号でこう述べています。

《日本の知識人としては「安保右派かつ歴史左派」でないとアメリカは認めないんです。安保右派とは、日米同盟の緊密化を唱える論者。歴史左派とは、戦前の日本は侵略国家だったと断罪する東京裁判史観を信奉する人たち。この両方が合致しないと、日本の政治家や学者はワシントンの官僚たちのお眼鏡にはかなわない》

要するに、「日本は侵略をした悪い国だという歴史観を持たないと、アメリカ政府は受け入れてくれないのだ」というのです。

確かに、これまではこうした歪な構図が続いていたと思います。

ところがトランプ政権の誕生によってこの構図が変わりつつあるのです。

トランプ「反中」政権は日本びいき

前述したように国務省やＣＩＡはどちらかといえば中国びいきで、アメリカでは「パンダ・ハガー（パンダを抱擁する人）」と呼ばれています。

一方、アメリカの中にも、南シナ海のサンゴ礁を勝手に埋め立てて軍事基地を作ったり、日本の尖閣諸島周辺に領海侵犯をしたりする中国の拡張主義に批判的な人もいて、そうした少数派のことを「ドラゴン・スレイヤー（竜を退治する人）」と言います。

中国の不当なダンピング輸出などがアメリカの国内産業をダメにしたと考えるトランプ政権では、こうした「ドラゴン・スレイヤー」たちがアメリカの対中政策を主導すると目されています。現にトランプ政権は、アメリカの国務省やＣＩＡなどで、中国に好意的な政策を持っていた官僚たちを次々と辞めさせているのです。

アメリカは、政権交代のたびに、幹部官僚を総入れ替えする仕組みなのですが、トランプ大統領はそうした人事の入れ替えをかなり強引に推し進めています。その象徴が、「狂犬」と呼ばれる海兵隊出身のマティスさんを国防長官に抜擢したことです。

トランプ大統領としては、どちらかと言えば、中国寄りの国務省やＣＩＡに代わって、アメリカの軍の情報部の出身者たちを政権中枢に入れて、対中政策を見直そうとしていると思われます。

これまでの歴代大統領は中国共産党政府に遠慮して台湾の政府幹部と話をするのを避けてきましたが、トランプ大統領はいきなり台湾政府の大統領にあたる蔡英文総統とも電話会談をしました。

トランプ政権は、北朝鮮の核開発に対して強硬姿勢を見せています。実はこれまでアメリカの歴代政権は、ブッシュ・ジュニア共和党政権などの例外はあるものの、基本的に北朝鮮の核開発やミサイル実験に対して宥和的でした。

にかかわらずトランプ政権が今回、北朝鮮に対して強硬姿勢をとった背景には、北朝鮮がアメリカ本土に届く弾道ミサイルと核兵器の小型化に成功しつつある、という安全保障上の問題があると言われています。しかし、もともとトランプ政権は発足当初から北朝鮮や中国共産党に対して厳しい外交姿勢を示しています。

それは何故か。このまま中国や北朝鮮をのさばらせていたら、アジア太平洋は戦争に巻き込まれることになると思っているからです。

アジア太平洋の平和と自由を守るためには、南シナ海や沖縄に対して軍艦を派遣し、軍事的挑発を繰り返す中国や、核ミサイルを開発して周辺諸国を恫喝する北朝鮮を何としても抑えつけなければと考えているのです。

そして、そのためにも、「日本にももっと軍事的に強くなってほしい」と、トランプ政権は日本に対して期待しているわけです。

中国共産党こそ歴史を偽造している

この対中政策の転換の背後で、日中戦争を含む近現代史の見直しが進む可能性があるのです。例えば、これまで東京裁判史観では、「日本は加害者であり、中国共産党は被害者だ」という構図でした。ところが、「果たして中国共産党は被害者なのか」という疑問が、アメリカでも話されるようになってきているのです。筑波大学名誉教授の遠藤誉氏はこう指摘しています。

《私は昨年九月二十日に、アメリカの共和党系シンクタンク「プロジェクト2049」に招聘されて、ワシントンD・Cで「日中戦争時代、毛沢東は日本軍と共謀していた事実」と、それが持つ現代の危険性について講演をしたのですが、ランディ・シュライバー会長（ジョージ・ブッシュ前政権時代に国務次官補代理、東アジア・太平洋担当）は、中国共産党こそが歴史を捏造しているという認識を持っており、一月八日に台湾の蔡英文総統とも面会しています》（「トランプが暴く中国の『巨大な嘘』」、月刊『Hanada』平成二十九年三月号）

トランプ政権を支える共和党の中で、「歴史問題で日本ばかりが批判されてきたが、問題なのは中国共産党の方だ」と考える動きが生まれているのです。しかもこのシュライバー氏は二〇一八年一月八日、アメリカ国防総省アジア担当の国防次官補に任命されました。

遠藤氏はこう続けます。

《中国は、日中戦争時代に日本軍と勇猛果敢に戦ったのは中共軍だと主張し、戦後の国際秩序を形成したのは中共政権の中国だと言っています。だから、日本に再軍備させないために中国の軍事力を強大化させなければならないとしている。これはアメリカにとっても良いことではなく、日本には直接の脅威をもたらします。その結果、かえってアジアにおける戦争の危険性を生みます。

その意味で、中共政権の正統性にメスを入れることは戦争を避ける力を持つ。だから真相を世界に広めていくことは、まさにいま必要とされている情報戦です。「一つの中国」への懐疑を投げかけたトランプ政権の対中政策と合わせて、日本に課せられた義務ではないでしょうか》

いわゆる東京裁判史観を見直していくためにも、「中国共産党と旧ソ連こそ戦前・戦中、アジアを紛争に巻き込んだ張本人だ」とする歴史観を持つアメリカの共和党系の政治家、学者たち、そして台湾の自由を願う人たちと、いまこそ連携すべきなのです。

四、北朝鮮と尖閣危機は連動する

緊迫のトランプ・安倍電話会談

憲法九条では、北朝鮮のミサイルを防ぐことはできない——。このことがようやく周知されつつありますが、いま何が起こっているのか、よく分からないまま、日々の生活に追われている方が大半のようです。

しかし、この北朝鮮危機はわが国にとっても極めて深刻であり、安倍政権はアメリカのトランプ政権と連携して必死に対応しています。

当面の焦点は、トランプ政権が北朝鮮に対して軍事攻撃を仕掛けるのか、ということです。

これまでの日本の総理大臣は安全保障に疎《うと》く、こうした軍事問題になると、蚊帳の外になることが多かったのですが、安全保障に詳しく、かつトランプ大統領とも個人的な信頼関係を築いている安倍総理はトランプ大統領とも密接にやり取りをしています。

「週刊現代」平成二十九（二〇一七）年九月九日号において、近藤大介氏がその内情について詳しい記事を書いていますので、その記事を紹介しながら、この時点で何が問題になっていたのか、解説したいと思います。

終戦記念日の八月十五日、昼に日本武道館で執り行われる全国戦歿者追悼式を控えた安倍首相は、午前十時二十七分から五十五分まで、トランプ米大統領との九回目の電話会談に臨みました。その時の様子を近藤氏はこう描いています。

《議題はもちろん、差し迫った北朝鮮問題だった。トランプ大統領と金正恩政権は、互いに相手を挑発する発言をエスカレートさせていて、このまま行けば、秋にも米朝開戦となりかねない状況だったのだ。

ところが、30分に満たない電話会談でトランプ大統領が安倍首相に告げたのは、早期の北朝鮮攻撃計画ではなかった。次のようなまったく別の方針だったのだ。

「私は、金正恩と話し合うことにした。マティス（国防長官）がいろいろ理由をつけて、『いまは戦争準備が整っていません』と言うから、そのアドバイスに従うことにしたのだ。

金正恩は、『ＩＣＢＭ（大陸間弾道ミサイル）を撃ってアメリカのクリスマスを台無しにする』と宣言し、実際、今年のクリスマスに向けて核弾頭を搭載したＩＣＢＭを配備しようとしている。だからそうなる時までを交渉期限にして、それまでは金正恩と話し合う。

北朝鮮との交渉では、核兵器かＩＣＢＭか、少なくともどちらか一方を放棄してもらう。それが嫌だと言うなら、もう我慢はしない。迷わず北朝鮮を叩く。その頃には、わが軍も北朝鮮攻撃の準備が整っているだろう。

もし金正恩が、核かミサイルのどちらか一方でも放棄する決断をしたなら、北朝鮮と平和協定を結ぶ。そうなった時には、同盟国である日本にも、全面的に協力してほしい」》

ここでのポイントは、五つあります。

第一に、トランプ大統領は表向きの強硬姿勢とは異なり、北朝鮮に対する爆撃よりも、交渉を優先的に考えていること。

第二に、トランプが北朝鮮に対する爆撃に消極的なのは、マティス国防長官が反対していること。つまり、米軍はできれば戦争をしたくないと考えていること。

第三に、マティス国防長官が北朝鮮爆撃に消極的なのは、「準備が整っていない」こと。戦争というのは、莫大な武器弾薬と人員が必要です。米軍は二〇一七年の春からその準備を懸命に始めていて、まだ、その準備が整っていない、ということなのです。

第四に、トランプは二〇一七年のクリスマスを期限に、北朝鮮と交渉しようとしていること。その条件は、核兵器かＩＣＢＭか、少なくともどちらか一方を放棄してもらうというもの。これは、アメリカ本土を核攻撃できないようにするならば北朝鮮を核保有国として認め、平和協定を結ぶこともあり得るということです。ただし、日本からすれば、北朝鮮から核攻撃を受ける脅威が残るということになり、由々しきことです。

第五に、核兵器もＩＣＢＭも放棄しないならば、クリスマス以降、アメリカは北朝鮮に攻撃を仕掛ける。つまり戦争になるかもしれないということです。

半島有事になれば日本もダメージ

電話会談でトランプ大統領に対して、安倍総理はこう答えたといいます。

《これに対して、安倍首相が答えて言った。

「アメリカが早期の北朝鮮空爆を思いとどまったことは評価したい。日本としても、様々なチャンネルを通じて、引き続き北朝鮮に対して、核とミサイルの放棄を促していく」》

安倍総理は、トランプが早期空爆を思いとどまったことを評価したのです。そのうえで、日本としては、引き続き核とミサイルの両方を放棄させるよう経済的圧力を加えていく方針を明示したようです。

なぜ安倍総理は、早期攻撃をトランプが思いとどまったことを評価したのでしょうか。それは、半島有事に際して日本が被るリスクがかなり大きいからです。

近藤氏はこう続けています。

《実際、安倍首相のもとには、米朝有事の際に日本が被ることが予測されるリスクが報告されていた。
○日本国内でのテロ
東京を始めとする大都市の繁華街やイベント会場、新幹線の車内などで、北朝鮮の命を受けたテロリストが爆破テロを起こす。このところヨーロッパで頻発しているケースだ。
○在日米軍への攻撃
アメリカは、日本政府の意向を考慮することなく在日米軍を参戦させることが予想される。そのため、北朝鮮攻撃の前線基地となる三沢基地、嘉手納基地、岩国基地とその周辺に、北朝鮮のミサイルが飛来する。
○在韓邦人の被害
北朝鮮軍の韓国に向けた砲弾や侵攻によって、約三万八千人の在韓邦人が危険にさらされる。ところが、文在寅政権は自衛隊の韓国領内進入を「断固拒否」しており、在韓米軍も自国民以外の救出には消極的だ。
○中国軍の南下
米朝開戦になれば、中国人民解放軍が中朝国境の鴨緑江を突破して南下してくるのは必至。そうなると尖閣諸島は無論、九州北部の手厚い防衛が必要になる》

日本のマスコミの大半は、トランプがいつ北朝鮮を攻撃するのか、といったどこか他人事で報道していますが、半島有事になれば、日本も多大なダメージを受けることになるのです。

検討進む在韓邦人退避策

順番に解説しましょう。

第一に、最も大きな脅威は、日本国内のテロです。特に日本の大都市圏は、テロに対して脆弱であり、本格的な爆弾テロを受ければ、その被害は甚大です。

第二の在日米軍基地へのミサイル攻撃も脅威ですが、それ以上に憂慮されるのが日本国内のサヨクによる在日米軍に対する嫌がらせ、抗議活動です。それでなくとも沖縄の米軍基地に対する抗議活動に不快感を示しているアメリカ政府が、半島有事に際して日本のサヨク活動家たちから大規模な反米活動を仕掛けられると、「北朝鮮の核の脅威から日本を守るために戦っている我々アメリカ軍を日本人は非難するのか」といった誤解が生まれ、日米関係が大きく傷つく恐れがあるのです。

第三の在韓邦人の危機も深刻です。現在、韓国にいる邦人の多くは、仕事で韓国にいる人たちです。韓国に会社、工場などがあり、そんなに簡単に日本に帰国できないのです。無理やり帰国させれば、倒産する会社も相次ぐことになるでしょう。

もちろん、日本政府としては手を拱《こまね》いているわけではありません。平成二十九（二〇一七）

年九月五日付日本経済新聞が次のように報じています。

《日本政府は4日、北朝鮮の核実験で朝鮮半島情勢が緊迫化していることを受け、6万人近い在韓邦人の退避を想定した議論を加速させる。邦人が自助努力で民間の航空機などにより退避してもらうのが基本方針だが、万が一に備え、韓国政府や米軍との協議を急ぐ。日本政府関係者によると現時点で韓国内の退避所を邦人が使用することについて調整がついた》

この退避策は、以下のようになっています。

《日本政府は退避策を⑴不要不急の渡航中止要請⑵渡航中止勧告⑶退避勧告⑷退避所での待機など――の4段階で備えている。⑵は北朝鮮と韓国の銃撃戦が発生した場合などと想定。入国者を極力減らし、女性や子どもから順に民間航空機で逃げてもらう。ソウルの日本大使館も航空券確保などに動くが、ここまでの日本政府の役割は主に情報発信や呼びかけだ。

政府間の調整が必要になるのは⑷に至った場合だ。北朝鮮が韓国に大規模な攻撃をし、韓国内の空港が閉鎖されるケースが想定される。ソウルの日本大使館は在韓邦人に自宅にとどまったり、韓国南部など安全な地域に退避したりするよう呼びかける》

この在韓邦人の退避について米軍の協力を期待する向きもありますが、米軍としては自国民の退避が優先であり、日本人までは手が回らないというのが実情です。近藤氏もこう指摘しています。

《8月17日にワシントンで開かれた「2＋Ⅱ」（日米安全保障協議委員会）では、河野太郎外相と小野寺五典防衛相がアメリカに対して、有事の際に米軍に在韓邦人の救助（ＮＥＯ）を要請したが、米側ははっきりＹＥＳとは言わなかった》

日本政府としては韓国から退避したアメリカ人の一時受け入れなどに積極的に協力する見返りとして在韓邦人の退避について米軍の協力を少しでも勝ち取りたいところです。

中国による尖閣侵攻を阻止せよ

第四のリスク、《米朝開戦になれば、中国人民解放軍が中朝国境の鴨緑江を突破して南下してくるのは必至。そうなると尖閣諸島は無論、九州北部の手厚い防衛が必要になる》も深刻です。

中国が尖閣諸島海域に対して領海侵犯を含む挑発行為を繰り返しているのはご存じの通り

です。しかも、台湾・尖閣への攻撃態勢を急速に整えているのです。

《台湾の国防部（国防省に相当）は2日までに、中国の軍事力に関する年次報告を立法院（国会）に送付、海軍陸戦隊（海兵隊）を南海艦隊の傘下から海軍直轄に格上げしたと指摘した。習近平国家主席が主導する軍改革の一環で、陸軍の関連部隊との連携も強化しており、台湾や尖閣諸島（沖縄県石垣市）など島嶼《とうしょ》への侵攻能力を高めていることがうかがえる。また、2020年までに「台湾への全面作戦能力を完備する」計画を着実に進めていることも改めて浮き彫りになった》（平成二十九年九月二日付産経新聞）

トランプ政権としては、北朝鮮を攻撃する際に中国がそれを黙認、または協力してもらうことが必要になります。

その際、中国側は当然、トランプ政権に条件を提示するはずです。その条件の一つが、尖閣諸島侵略の容認だと想定されるのです。中国は、海上民兵という漁民を偽装した非正規軍を創設していて、米軍が北朝鮮を攻撃した隙に、尖閣を不法占拠するというシナリオです。この海上民兵部隊は約六千人と想定されています。

トランプ政権がこうした取り引きに応じるとは思いませんが、米軍による北朝鮮攻撃の隙を衝いて中国が尖閣侵略を仕掛けてくる可能性があるのです。

そこで安倍政権は、尖閣に近い宮古島に海上保安庁の巡視船を新たに配備するなど警備を強化しています。

《海上保安庁は、尖閣諸島周辺警備の拠点・宮古島（沖縄県）に常駐する海上保安官の訓練態勢を強化する方針を固めた。

２０１９年度中に、離島では初の射撃訓練場を整備し、領海侵入した中国漁船の乗組員を想定した制圧訓練も行う予定。尖閣諸島国有化から11日で5年を迎えるが、領海侵入は後を絶たず、同庁は「宮古島の保安官の能力向上は最重要課題の一つだ」としている》（九月六日付読売新聞）

宮古島だけでなく、その隣の石垣島も警備体制を強化しています。九月十日付朝日新聞も「石垣島、尖閣警備へ要塞化　陸自部隊やミサイル配備計画」という見出しで、次のように報じています。

《尖閣諸島周辺の領海への侵入を繰り返す中国公船を最前線で監視するのが、魚釣島から南南東に約１７０キロの石垣島に常駐する石垣海上保安部（沖縄県石垣市）だ。

海上保安庁は２０１６年度末までに、大型の巡視船12隻を擁する尖閣諸島警備の専従体制

をつくり、石垣海保に10隻、残り2隻は沖縄本島に配備した。石垣海保は約700人体制と、全国最大規模になった。（中略）

海保の増強に加え、石垣島で進みつつあるのが「要塞化《ようさい》」だ。政府は13年の防衛大綱で「島嶼《しょ》部への部隊配備」を明記。初動対応を担うため、奄美大島（鹿児島県）、宮古島（沖縄県）に加え、石垣島に艦船を攻撃できるミサイルを備えた500人規模の陸自部隊配置を計画する。今年5月には石垣市に駐屯地計画図を提示した。予定地とされるゴルフ場と市有林は島のほぼ中央に位置する》

この石垣島に配備される「艦船を攻撃できるミサイル」は、陸上自衛隊の最新式地対艦誘導弾（SSM）「12式」と呼ばれています。

沿岸防衛用で地上から発射され洋上に出ても低空で飛行し、射程約二百キロの12式ミサイルは熊本県の部隊に発射機十六両と射撃統制装置などの配備が平成二十九年度中に完了する予定です。発射機一両から六発が発射可能で、十六両で一度に九十六発を撃てます。

この最新の12式ミサイルを石垣島にも配備し、尖閣諸島に不法侵入する中国の海上民兵部隊を阻止しようという構想です。

しかもトランプ政権、正確に言えばハワイを拠点とする米太平洋軍もこの安倍政権のミサイル・バリア構想に連動し、この12式ミサイルをフィリピンやインドネシアに配備し、中国による南シナ海侵略を阻止しようとする方針を打ち出しているのです。

北朝鮮の核ミサイル危機と、中国による尖閣侵攻の危機が同時並行で迫ってきている中で、安倍政権はトランプ政権と密接に連携しながら、懸命にアジア太平洋の平和を守ろうとしているのです。

五、トランプ外交の限界と安倍外交への期待

北朝鮮と中国、二つの脅威

北朝鮮の核開発はどうなるのか。アメリカのトランプ政権は北朝鮮をどうするつもりなのか。

北朝鮮に攻撃を仕掛けるかどうかを決断するのはトランプ大統領ですが、そのための判断材料を集め、準備をするのは国防総省、通称ペンタゴンです。その本部は首都ワシントンにあります。

ここまではよく知られた話なのですが、実はアジア太平洋地域の防衛を所管しているのは、ハワイに司令部を置く太平洋軍司令部なのです。この司令部が在日米軍、在韓米軍、第七艦隊を所管し、北朝鮮攻撃の準備を担当しているのです。言い換えれば、国防総省の話だけを聞いているだけでは、米軍がどのように考えているのか、本当のところはよく分からない部分があるのです。

この太平洋軍司令部に平成二十九（二〇一七）年九月、行ってきました。太平洋軍司令部の幹部との協議はオフレコで、その詳細を公表することは控えますが、太平洋軍司令部の元

幹部たちとランチ、または夕食を取りながら率直な意見交換をしたので、米軍の本音というものがかなり分かってきました。

ここから先の話は、トランプ政権の考えというよりも、アジア太平洋の防衛を担当するアメリカ太平洋軍の関係者の意見だと思って理解していただければと思います。

まず、北朝鮮の核開発についてですが、元幹部はこう強調しました。

《われわれは現在、二つの大きな脅威に直面している。短期的には北朝鮮。長期的には中国が自国の利益を確保するために軍事力を使おうとしていることだ》

日本では、北朝鮮の核とミサイルばかりが話題になっていますが、北朝鮮よりも脅威である中国のことを忘れてはいけない、というのです。

《北朝鮮の脅威は軍事だけといえる。経済力がないため、中国に比べればそれほど難しくない。中国は経済力をもっているため、中国に対して軍事は重要だが、それ以上に外交、情報、経済などの分野で中国を抑止していくことが重要だ。特に中国は、他国が他の問題に気をとられている間にいろいろと手を打ってくるので注意が必要だ》

北朝鮮と異なり、中国は圧倒的な経済力を持っていて、いくら脅威であっても現時点では中国と戦争することはできないというのが、米軍の元幹部の認識なのです。

実は日本では報道されていませんが、中国は既に数百発のミサイルを日本列島に向け発射できるよう準備を済ませており、そのミサイルに核爆弾も搭載可能なのです。

この中国と北朝鮮とは軍事同盟を結んでいて、北朝鮮が攻撃されたら中国はその国と戦争をすることになっているのです。よってトランプ政権としては、おいそれと北朝鮮を攻撃できない。仮に北朝鮮の核施設などを攻撃するとしても、中国などと予め話し合いをしておかなければならないということです。

とはいえ、中国はなかなか話し合いに応じないので、中国にも圧力をかけていく必要がある。その場合に軍事だけでは無理なので、経済、外交、インテリジェンスという他の分野も組み合わせて中国の譲歩を獲得しようとしている、ということです。

北朝鮮の核とミサイル開発に対してトランプ政権と日本政府が国連に働きかけ、北朝鮮に対して経済制裁の決議を採択させたのも、こうした中国などに対する「配慮」があったわけです。

トランプ外交の弱点

ホノルルのステーキ屋で神戸牛ステーキを食べながら話をしていた時のことです。別の米軍の元幹部は、こうしたトランプ政権の対中戦略に際して「最大のパートナーが安倍政権だ」と強調しました。

「今日のステーキがこちらの奢りだからと言って、そんなリップサービスをしなくていいよ」と笑っていたら、その元幹部は「肝心の日本が安倍外交の凄さをわかっていないことが問題なんだ」として、次のような解説をしてくれたのです。

トランプ政権にとって最大の脅威だと考えているのが中国です。その中国の軍事的経済的台頭を抑えるため、当初はロシアと組もうとしました。ですが、ロシアとの関係改善は進まず、次善の策としてＡＳＥＡＮ諸国やインドと組んで中国を牽制しようとしているのです。

その幹部は、アジア諸国との関係改善の重要性をこう指摘しました。

《中国は一対一での交渉を望み、圧力をかけてくる。多国間協議を望まない。だからこそインド太平洋地域で最も重要なのはＡＳＥＡＮだ。ＡＳＥＡＮは多国間協議のフォーラムであり、日米の窓口として極めて重要である。外交、情報、軍事、経済の四つの面（頭文字をとってＤＩＭＥと呼ぶ）で中国の脅威を理解することが重要であり、こうした共通の認識をＡＳＥＡＮ諸国、ＥＵと持つ必要がある》

ところが中国側は既に二〇一四年十一月、一帯一路構想といって中国西部から中央アジアを経由してヨーロッパにつながる「シルクロード経済ベルト」（「一帯」の意味）と、中国沿岸部から東南アジア、スリランカ、アラビア半島の沿岸部、アフリカ東岸を結ぶ「二十一世紀海上シルクロード」（「一路」の意味）の二つの地域で、インフラ整備、貿易促進計画を提唱し、アジア諸国に対して徹底的な経済支援を実施しています。この「買収」工作のため、ASEAN諸国の多くが「中国批判」を口にしないようになってきているのです。

それでなくともASEAN諸国は、アメリカのヘッジファンドといった金融会社によって会社を次々に買収されるなど、アメリカにあまりよいイメージを持っていません。フィリピンのロドリゴ・ドゥテルテ大統領は反米で有名ですし、ベトナムはベトナム戦争の記憶があり、親米ではありません。

インドも独立以来、非同盟といってアメリカともソ連とも同盟を結ばずに独自の道を歩んできたため、さほどアメリカとは関係がいいわけでもありません。

しかも二〇一七年一月に発足したトランプ共和党政権は、どちらかというと中国に好意的なアメリカ国務省幹部とは仲が悪く、国務省の主要人事でさえなかなか決まらず、外交は余り機能していないのです。

途方に暮れたトランプ政権に救いの手を差し伸べたのが、安倍首相なのです。

日本はアジア太平洋の安全保障の要

安倍首相は平成二十四（二〇一二）年十二月、英文の論文「アジアの民主的セキュリティ・ダイアモンド構想」を発表しています。日米同盟を広げて東南アジアやオーストラリア、更にはインドに至るまでの連携網を構築しようという構想です。

この構想に基づいて安倍首相は平成二十四（二〇一二）年末以来、「地球儀を俯瞰する外交」と称して精力的に世界中を奔走してきました。特にASEAN諸国やインドとの外交を推し進め、経済のみならず、安全保障面での関係強化を図っています。オーストラリアとの間でも安全保障の強化を図っています。

これまでどことも同盟関係を結んでこなかったインドも、二〇一七年九月に訪印した安倍首相を実に八キロにわたる歓迎パレードで歓迎し、いまや日本とインドは同盟関係を結ぼうとするほど、良好な関係を築いています。

この安倍首相が、トランプ政権とASEAN諸国、インドとの橋渡し役を務めているのです。その元幹部はこう強調しました。

《アメリカは現在、フィリピン、インド、ベトナムなどとの関係が日米関係に比べると低調といえるが、それらの国と日本との関係は安倍総理の主導で劇的に改善されている。インド太平洋地域で果たすべきアメリカの役割が不明確になっている中で、代って日本がより大きな役割を果たすようになってきている。特にアメリカは昔からインドとの関係は複雑で微妙な面があるが、日本がインドとの関係を強化してくれているので実にありがたい》

別の元幹部もこう強調しました。

《インド、フィリピン、ベトナムなどとアメリカを結び付けてくれている日本政府の活動は、日米同盟をより強固にするのに貢献している》

もし安倍首相の「セキュリティ・ダイアモンド構想がなかったら、南シナ海でも東シナ海でも中国の横暴はもっと酷くなっていて、軍事紛争が起こっていたかもしれない」というのが米軍の元幹部たちの認識でした。

ハワイには米軍のシンクタンク「アジア太平洋安全保障研究センター」があり、そこでも意見交換をしましたが、同じような趣旨のことを聞きました。

《日本のODA（対外経済協力）は、日米同盟の今後にとって極めて重要だ。南シナ海問題が起こり、日本はODAを通じてフィリピンやベトナムへの関与を強め、ODAを通じて日本は法の支配を広げていこうとしている。こうした経緯を見れば、アメリカからすると、日本はアジア太平洋の安全保障の要となっていると認識している》

インド太平洋地域の安定と平和を守るために現在のような戦略的な安倍外交がなくてはならない、安倍外交こそがインド太平洋諸国とアメリカとを結びつけてくれている要だと、米軍関係者は認識しているわけです。

こうした米軍幹部の認識は当然のことながら、トランプ大統領の耳にも入っていると思われます。

国連総会に続いて実施された日米韓三カ国の協議中にトランプ大統領は安倍首相の誕生日を祝福するサプライズをしました。アメリカ大統領が公の席上で日本の総理大臣のお祝いをしたのは恐らく初めてのことです。このトランプ大統領の行動はツイッターで全世界に広がり、「なぜそれほど安倍首相はトランプ氏から大事にされるのか」と話題になりました。

日本はこれまで「アメリカの言いなり」「対米従属だ」と批判されてきましたが、安倍首相になっていまや、アメリカ大統領からも頼りにされるようになってきているのです。

やはり防衛費の不足が問題だ

残念ながら課題もあります。日本の防衛体制の不備、特に防衛費の不足です。

米軍元幹部が北朝鮮有事に関連して「特に中国は、他国が他の問題に気をとられている間にいろいろと手を打ってくるので注意が必要だ」と言ったので、「それはどういう意味か」と尋ねたら、「様々なことが想定されるが、私の口からは言えない」と黙ってしまいました。

北朝鮮と軍事同盟を結んでいる中国が、トランプ政権による北朝鮮攻撃を黙認するはずがありません。当然、条件をつけてくるでしょう。

「在韓米軍が撤退し、朝鮮半島を中国の影響下に置くなら米軍による北朝鮮攻撃を容認してもいい」と言ってきているかも知れません。あるいは、「日本の尖閣諸島を中国が占拠することを容認しろ」と言ってきているかも知れません。どちらにしても、トランプ政権と中国、ロシア、そして日本、韓国との間で熾烈な駆け引きが行われていると思うべきでしょう。

その元幹部から先日、電子メールが届き、一つの論文が添付されていました。アメリカの海兵隊幹部、外交官として二十年近く日本に滞在していたグラント・ニューシャム氏による原稿でした。

二〇一七年十月六日付「アジア・タイムズ（Asia Times）」に載った「日米関係：その結びつきの強さは？」と題するその原稿は、北朝鮮危機と連動するであろう中国の危機について、こう警鐘を鳴らしています（邦訳は© 海外ニュース翻訳情報局）。

《米国政府は日本の期待していることを明確に認識する必要がある。北朝鮮が東京にミサイル攻撃を行えば、米国は必ず激しい対応を行う。中国の侵略部隊が九州に上陸したら？同じことだ。しかし、北朝鮮のミサイルが五十マイルの沖合に落下した場合や、日本の田舎の住民のいない場所に落ちた場合はどうだろうか？　あるいは、中国の漁民が尖閣に上陸して退去を拒否し、中国海軍がすぐ近くで日本に干渉するなと警告していたら？　このようなぎりぎりの問題でも、日本は米国に武力の行使を含めて徹底的な支援を期待している》

ニューシャム氏は、「北朝鮮がアメリカによる反撃を受けない範囲で対日ミサイル攻撃を仕掛けてくる」と考えているのです。確かにこの場合、トランプ政権はどうするのでしょうか。また、北朝鮮有事に連動して尖閣諸島に国籍不明の漁民たちが上陸してきたら、そのとき近くにいる中国の軍艦が日本に「干渉するな」と警告してきたとき、日本は、アメリカはどうするのでしょうか。こうした微妙な問題について日米首脳はしっかりと詰めておかないと、北朝鮮や中国にしてやられるぞと警告しているのです。

それでなくともアメリカの政治家の大半は、極東の「島」、つまり尖閣諸島のために米中が戦争をすることなどあり得ないと考えていると言われています。日本の領土なのだから、米軍などに頼らず、日本がしっかりと守るべきだということです。

防衛にはお金がかかります。トランプ政権は北朝鮮有事を念頭に前年比で約七兆円増の六十八兆円に増やす防衛予算を国会に提出、この七月二十七日、かろうじて可決されました。福祉や失業者対策の予算を増やしたいのですが、アジアの平和を守るために歯を食いしばって防衛予算を増やしたのです。

ところが日本は平成二十八（二〇一六）年、防衛費数千億円増やしただけで、その総額は僅か五兆数千億円に過ぎません。このため日本は本気で防衛をするつもりなのかと米軍は不信感を募らせています。

そこでニューシャム氏はこう提案しています。

《日本は防衛費をもっと増やすことで米国の完全な支援の見込みを増やし、米国と日本のすべての軍隊の間で協力関係を向上することができる》

憲法改正も重要ですが、防衛費増額をしないと日米同盟の信頼関係を確保できない、つまり北朝鮮、そして中国の脅威に立ち向かえないのです。

Ⅲ

国際社会を味方につける歴史戦

――国家主権としての歴史解釈権

一、原爆は落とされた方が悪いのか

皇室批判の漫画が「平和教材」？

戦争中に広島で被爆した少年を描いた漫画「はだしのゲン」をめぐり、平成二十四（二〇一二）年に大騒動がありました。

ことの発端は平成二十三（二〇一一）年春、島根県松江市の男性がこの漫画を学校の図書館から撤去する陳情を松江市教育委員会と市議会に行ったことです。

この漫画では、登場人物の少年たちが「最高の殺人者天皇じゃ。あいつの命令でどれだけ多くの日本人、アジア諸国の人間が殺されたか」「日本人の手で天皇はじめ戦争指導者を裁く裁判をやらんといけんわい」などと、皇室批判を繰り返しています。そのため男性は「天皇陛下に対する侮辱、国歌に対しての間違った解釈、ありもしない日本の蛮行が掲載されている。松江市の子供たちに間違った歴史認識を植え付ける」と主張したのです。

これに対して松江市議会は「はだしのゲン」を平和学習の教材として評価する一方、女性への性的暴行などの暴力描写について「市教委の判断で適切な処置をすべきだ」との注文を付けました（傍点筆者）。

この注文を受けて松江市教委は同年十二月、「平和学習に欠かせない資料だが、暴力シーンなどに過剰に反応する子供もいる。教師が一緒に読むなど教育的な配慮が必要」という判断から学校側に口頭で閲覧制限を要請。これを受け、各学校は閲覧に教員の許可が必要として、貸し出しを禁止しました。

学校教育法によれば、学校の教科書や教材は、「学習指導要領」という基本方針に沿った内容でなければなりません。そして学習指導要領には、教材は「天皇に対する理解と敬愛の念」を育む内容であることと明記されているのです。「はだしのゲン」は明らかに学習指導要領違反であり、松江市教委の判断は極めて妥当なものでした。

ところが、平成二十四（二〇一二）年八月半ばにこの件が表に出てから、朝日新聞や毎日新聞などが、閲覧制限の撤回を求めるキャンペーンを繰り広げました。その結果、松江市教委は同年八月二十六日、「閲覧制限」要請をあっさりと撤回してしまいました。

朝日新聞などは「表現の自由」「読む権利」を理由に、閲覧制限を指示した松江市教委を批判しましたが、それでは、小学校の図書館にポルノ写真集などを置いて、子供たちに見せることも「読む権利」というのでしょうか。

この一連の騒動によって、様々な論点が浮上しましたが、ここでは、そもそも「原爆をどのように子供たちに伝えるべきなのか」というテーマについて考えたいと思います。

何故なら閲覧制限を求めた松江市教委も松江市議会も「はだしのゲン」の暴力描写を問題

にしたのであって、内容そのものは「平和学習の教材」として評価しています。

しかし「はだしのゲン」の問題点は「平和学習の教材として失格だ」という点にあると思うからです。

漫画の中では、例えば次のような発言が出てきます。

《日本は原爆を落とされてあたりまえじゃ。日本はハワイにあるアメリカの基地、真珠湾を卑怯な騙まし討ちをしたからじゃ。そんな卑怯な日本人が原爆を落とされたからといって文句を言う資格はない。反対に原爆を落として日本の戦争を終わらせてやったのだから感謝しろ》

つまり、「日本は侵略戦争をしたのだから、原爆を投下されても仕方がなかった」という原爆投下容認論を主張しているのです。

しかし「原爆を投下されたのは日本が悪かったのだから仕方がない」と、子供たちに考えさせることが果たして「平和学習」なのでしょうか。

原爆を投下した責任を追及する国際社会

一九九一（平成三）年十二月七日、アメリカのハワイで行われた真珠湾攻撃五十年の記念式典に参列したことがあります。

当時、日本のマスコミは、真珠湾攻撃五十年を迎えてハワイでは反日感情が湧き起こっている、と報じていました。確かに宿泊先のホテルから記念式典会場となったアリゾナ記念館に行くためタクシーを手配してもらった旅行会社の方から「日本人は危険だから近づかない方がいい」と真面目に忠告されました。

緊張しながら記念式典会場を訪れると、会場の外でデモが行われていました。よく見ると、そのデモ隊は横断幕を掲げていて、「リメンバー長崎」「リメンバー広島」「リメンバー東京」と書いていたのです。「日本軍のだまし討ちを非難するなら、広島や長崎への原爆投下、東京大空襲をしたアメリカの責任も問うべきだ」と批判していたのです。これには驚きました。

こうした体験から私は「日本が悪かったという東京裁判史観を批判する人は日本国内では少数派かもしれないけども、国際的にみたら意外とそうではないかも知れない」と思うようになり、世界の有識者たちが大東亜戦争と東京裁判についてどのような評価をしているのか、徹底的に調べました。

その結果、東京裁判を批判しているのはインドのパール判事だけではなかったことが判ってきました。

そこで国際法の権威である佐藤和男先生と相談して、平成八年に世界の有識者による東京裁判批判をまとめた『世界がさばく東京裁判』（明成社）という本を出しました。

この本の編集作業の中で、オーストラリアのエドワード・セント・ジョンという弁護士が書いた『アメリカは有罪だった』（平成五年、朝日新聞社）という本に出会いました。

千二百頁もの大著の中でエドワード弁護士は「戦後、国際社会が核兵器の恐怖に怯えなければならなかった原因の一つは、東京裁判において原爆を投下したアメリカの責任が追及されなかったことにあるのではないか」と指摘しています。

つまり東京裁判でアメリカのトルーマン政権が原爆を投下した責任を問わなかったことが戦後、核兵器をのさばらせる原因になったのではないかと言っているのです。

原爆の責任を隠ぺいした東京裁判

では、東京裁判の中で原爆がどのように扱われたのか。アメリカ人のブレイクニー弁護士が二回にわたって取り上げています。

一回目は昭和二十一年五月十四日です。

《原爆を投下した人間が裁くこんな東京裁判でいいのか、原爆を投下したのは誰だか知っている。その投下した人間が検事側に座って日本人を裁く権利があるのか》

ブレイクニー弁護人がこう発言をしたところ、ウェッブ裁判長は慌てて日本語の通訳を止めました。しかもウェッブ裁判長はこの発言を日本語の裁判速記録から削ってしまいました（これは悪質な公文書偽造です）。

しかし、ブレイクニー弁護士は諦めませんでした。昭和二十二（一九四七）年三月三日、「東京裁判所条例第一条には〝極東の重大戦争犯罪人をこの裁判で裁く〟と書いてある。敗戦国の戦争犯罪人だけを裁くとは書いていない。よって東京裁判では、極東地域で行われた、原爆という戦争犯罪も裁くべきだ」と、改めて原爆の問題に言及しました。

それに対してウェッブ裁判長は「とにかくこの議論はここでストップしよう。後で回答を出すから」と言って、ブレイクニーの主張を却下してしまいました。そしてその後、回答は出されることはありませんでした。

こうした経緯から、世界の国際法学者たちは、東京裁判には大別して二つの問題点があると指摘しています。

第一に、「戦勝国の戦争犯罪は追及されない」という悪しき先例を作ってしまったと言うことです。

第二に、ハーグ陸戦法規という国際法では「非人道的兵器を使ってはならない」と定めているのですが、東京裁判において原爆投下の罪が追及されなかった結果、原爆の使用が正当化されてしまったことです。

原爆の使用を正当化した東京裁判に批判的な国際法学者が、国際社会に少なからず存在していることは、日本人として知っておくべきです。

被爆者の救援を妨害したトルーマン政権

実は問題は、東京裁判だけではありません。

トルーマン政権は、原爆を投下した責任を追及されないために、日本を軍事占領するや、原爆被害者である日本人の告発を封じたのです。

前述したエドワード弁護士はこう言っています。

《日本に駐屯している米占領軍は、放射能症や原爆による一般的な影響に関する報告書を隠蔽し、改ざんするという手段をとった。原爆の被害に関するすべての報告書の公開を禁ずる措置は、一九五二年四月二十八日に対日講和条約が執行されるまで続いた。

広島の被害を撮影したフィルムは放映を禁じられ、およそ二十五年間、人々の目に触れることはなかった。(中略)もしもこの新兵器のもたらした真の影響と犯罪性、また、広島、長崎の被爆者の悲惨な状況について米国や各国の国民が直ちに十分知らされたら、難民やヨーロッパの亡命者に対するのと同様の国際的規模の救援活動がすぐさま行われていたに違いな

い》

原爆の被害の実態が国際社会で報道されれば、国際的救援活動が起こり、もっと多くの被爆者が助かったはずなのです。しかし占領軍はそうさせなかった。何故か。原爆という非人道的な兵器を使った責任を追及されるのが嫌だったからです。

トルーマン政権は自己保身のため、適切な医療を受けるチャンスを奪うことで原爆被害者たちを見捨てたのです。

戦争終結をわざと遅らせたトルーマン

トルーマン政権の罪はそれだけではありません。

トルーマン政権は「自分達が侵略戦争を行ったから原爆が投下されたんだ」と日本人が思い込むようにするため、日本に対して悪質な洗脳工作を仕掛けたのです。

櫻井よしこ著『真相箱の呪縛を解く』（小学館文庫）によれば、占領軍は昭和二十（一九四五）年から二十一（一九四六）年、「真相はこうだ」というラジオ放送で、いわゆる南京大虐殺などを例に挙げながら日本軍がいかに残虐であったのか、徹底的に宣伝し、原爆についても次のように報道しました。

《原子爆弾の投下は、膨大な被害を出した戦いをなお続けようとするなら、日本は迅速かつ徹底的な破壊を被るという連合国側の予告を、日本の指導者が無視し、何ら回答しなかったために実行したのだ》

要するに「早く降伏すれば原爆を落とされなかった。原爆投下の責任は直ちに降伏しなかった時の鈴木貫太郎内閣にある」と主張したわけです。

では、原爆を投下されたのは、日本政府が悪かったからなのでしょうか。

トルーマン政権は昭和二十年春の段階で、日本政府が天皇の地位さえ保障されれば戦争を早く終結させたいと思っていることを知っていました。現にこのような日本政府の意向を踏まえ、アメリカ国務省のジョセフ・グルーらは六月十八日、閣僚や統幕会議の承認を得て、「天皇の地位を認めた降伏条件を提示して一日も早く戦争を終結させるべきだ」と提案しています。

ところが、トルーマン大統領は、原爆の開発が成功するまでは停戦交渉に応じないとして、早期終戦提案を却下しています。

原爆の実験に成功し、七月二十六日になってトルーマン大統領は、ようやく日本に降伏を求めるポツダム宣言を公表しましたが、そこには、天皇の地位を保障する条文は入っていませんでした。天皇の地位を保障する条文が入っていたら日本政府は直ちに降伏することを判っていながら、敢えてそうしなかったのです。

何故か。トルーマン大統領は、日本に原爆を投下したかったからだと分析する専門家がいます。

もともとアメリカが原爆開発に踏み切ったのは、ナチス・ドイツ政権が原爆開発に着手していたからです。しかし一九四五年五月にドイツが降伏した後も、アメリカの原爆開発は続行され、通算二十億ドル（当時の日本の一年分の国家予算）が議会には秘密のまま投入されました。トルーマン民主党政権としては、野党の共和党に内緒で多額の国家予算を使った以上、その成果を見せないと非常にまずい事態になっていたわけです。

ですから、アメリカのジャーナリストのフィリップ・ノビーレは、以下のように結論づけています。

《トルーマン大統領、あなたは単に日本人を原爆で殺すことを欲した。（中略）あなたの原爆投下の動機は金とソヴィエトだ。マンハッタン計画は二十億ドルかかった。あなたは強欲なスターリンにアメリカの力を見せつけ、彼が日本に侵攻する前に戦争を終わらせることを望んだ》

要するに莫大な予算を使って開発した原爆の成果を内外に見せつけるために、トルーマン政権は、敢えて日本に原爆を投下したのだと結論づけているのです。

原爆投下の責任は、何よりもトルーマン政権に対して追及されるべきなのです。「日本が戦争を始めたから原爆を投下されたのであって、悪いのは日本の指導者たちだ」という「はだしのゲン」の主張は、根本的に間違いなのです。

二、サンフランシスコ講和条約で過去は決着済み

日本はいつまで非難されるのか

わが国はいつまで過去の問題で批判されないといけないのでしょうか。

平成二十四（二〇一二）年の安倍首相の靖國神社参拝に対して韓国と中国の批判は激しいものでした。翌平成二十五（二〇一三）年一月二十九日、中国の劉結一国連大使は国連安全保障理事会の会合で、靖國神社を「日本の侵略のシンボル」と表現し、「（安倍首相が）ファシストの戦争犯罪人たちを訪れたことは、国連憲章が作り上げた戦後秩序への挑戦だ」と非難しました。

この国連安保理事会で韓国の呉俊国大使も、安倍首相の靖國参拝について「戦後、日本が再合流した国際社会の礎への挑戦だ」と非難し、「日本は近隣国とトラブルばかり起こしている。歴史を否定することで近隣国を挑発することは慎むべきだ」と訴えました。

靖國神社参拝という純然たる内政問題に言いがかりをつけ、国際問題にしているのは中国と韓国の方です。「近隣国を挑発することは慎むべきだ」という批判はそのまま、中国と韓国にお返ししたいぐらいです。

ただし、中国や韓国の言いがかりを無視したままでいいのかと言えば、そうはいきません。基本的にどの国も、外国のことなどあまり関心がありません。これは、自分自身のことを考えればよく判ります。

例えば、インドネシアとオーストラリアとの間には領土紛争があったとして、オーストラリアの首相が連日のように国際社会で「インドネシアがオーストラリア領を侵略している」と非難し続ければ、事情をよく知らない日本人の多くが、「インドネシアは悪い国だ」という印象を持ってしまうでしょう。

よって、国連という国際舞台において中国と韓国の代表が「日本の安倍首相は右翼で、戦後の平和秩序を壊そうとするトンデモナイ軍国主義者だ」と非難し続ければ、「ひょっとしたらそうなのかも知れない」と受け止める人も出でくることになりますし、現にそう思い込んでいる外国の政治家や学者たちが欧米で増えています。

ルーズヴェルトの対日偏見

中国や韓国も指摘しているように、第二次世界大戦後の国際秩序が「日本は悪い国だ」という日本悪玉論に基づいていることは事実です。

国際社会において日本悪玉論が広まったのは、一九三七（昭和十二）年のことでした。

この年の七月、中国在留邦人の安全を守るために北京郊外に駐留していた日本軍に対して中国側がいきなり銃撃してきました（盧溝橋事件）。

驚いた日本の現地駐留軍は直ちに応戦しますが、日本政府としては、紛争拡大は望まず、外交交渉によって事態を収束させようとしました。しかし、蒋介石率いる中国国民党軍は、中国在留の日本兵や日本人へのテロを繰り返し、全面戦争となってしまいます（シナ事変＝日中戦争）。

当時の日本政府を困惑させたことは、日中戦争の勃発に対してアメリカのF・D・ルーズヴェルト民主党政権が「日本が中国を侵略し始めた」と非難するようになったことでした。日本からすれば、いきなり中国側が攻撃を仕掛けてきたから応戦しているだけなのに、なぜルーズヴェルト大統領は、日本を非難するのか、怪訝に思いました。

実は野党のアメリカ共和党の政治家たちの中には「悪いのは、中国の方だ」と思っていた人もいましたが、当時のアメリカのマスコミはみな中国びいきでした。中国から多額の資金をもらっていたこともあって、アメリカの新聞記者たちは「悪いのは、日本だ」と書き立てていたのです。

日本を悪者とみなすヤルタ体制

日中戦争から昭和十六（一九四一）年の真珠湾攻撃に至る間、アメリカで政権を担当していたのは、中国びいきのルーズヴェルト民主党政権でした。

ルーズヴェルト大統領は「中国大陸での戦争は、日本が引き起こしたのであり、日本さえやっつければ、アジアは平和になる」と思い込んでいました。そして、日本をやっつけるため、積極的に中国やソ連と手を結んだのです。

日本の敗戦が濃厚となった一九四五（昭和十二）年二月、ルーズヴェルト大統領はソ連のスターリン、イギリスのチャーチル首相とヤルタで会談し、「二度と世界大戦を引き起こさないためにどうしたらいいのか」話し合いをしました。

ルーズヴェルトが考えたのは、こうでした。

①第二次世界大戦が起こったのは、ドイツと日本のせいだ。よって再び戦争が起らないようにするためにも、ドイツと日本から軍事力を奪い、永久に立ち上がれないようにしてしまう。

②アメリカとソ連、イギリス、中国が「世界の警察官」となって、世界の平和を守る国際政治体制を構築するため、国際連合を創設する。

このルーズヴェルトの戦後秩序構想は、ヤルタ会談で決定されたことから、「ヤルタ体制」と呼ばれます。

一九四五（昭和二十）年十月、国際連合が創設されました。国際連合では、戦勝国のアメリカ、ソ連、イギリス、中国国民党、フランスの五大国は常任理事国として君臨する一方で、敗戦国である日本やドイツなどは旧敵国（悪玉）として扱われることになりました。

この日本悪玉論に基づいてアメリカは、敗戦した日本に占領軍を送り込み、日本の軍隊を解体したばかりか、二度と自分の国は自分で守ることができないように現行憲法を押し付けたのです。

日本が「侵略戦争を行った犯罪国」であることを内外に宣伝するため、東京裁判も始めました。

日本の陸海軍省が管理していた靖國神社も民間の宗教法人となることを強制され、国から財政的支援を一切受けることができなくなりました。

ヤルタ体制の破綻

ドイツや日本から軍事力を奪って弱い国にしてしまえば、世界の平和は維持できるはずだ――このルーズヴェルトの見通しは、結果的には、見事に外れました。

アメリカと一緒に世界平和を守ってくれるはずのソ連が次々と戦争を始めたからです。警察官だと思っていたら、実は強盗だったのです。

ドイツ敗戦後、ソ連はポーランド、ルーマニア、チェコスロバキアなどの東欧諸国を次々と支配下においていきました。東欧だけではありません。一九四五年八月、日本が戦争に負けると同時に、ソ連は千島列島や満洲を占領し、ソ連の支援を受けた各国共産党が中国、ベトナム、インドネシア、ビルマなどで次々と戦争を始めたのです。

特に一九四六年六月、中国大陸で蒋介石率いる中国国民党政権と、毛沢東率いる中国共産党軍が始めた内戦は、アメリカ国民にショックを与えました。

「日本を弱くしても、アジアで戦争が起こったではないか」

野党のアメリカ共和党から、ルーズヴェルトの見通しの誤りを指摘する意見が出されるようになっていきます。

中国での内戦は、中国共産党軍が徐々に優勢となり、一九四九年には中国本土は共産主義者によって乗っ取られることがほぼ確定的になりました。朝鮮半島の北半分も、共産党によって支配されました。

「アジアで戦争を引き起こしていたのは中国とソ連であった。日本はアジアの平和を守るため、ソ連や中国と戦っていたのか」――ソ連と中国共産党によってアジア全体が共産化する危機に直面して、アメリカ政府もようやく、この事実に気づいたのです。

日本からすれば、中国びいきのルーズヴェルト大統領が一方的に日本を悪者扱いしたことが、そもそも間違いだったのです（因みに、安倍首相の靖國参拝に「失望」を表明したオバマ政権もルーズヴェルト大統領と同じく民主党です）。

アメリカという国は、敵と味方を間違える愚かな外交をする国だということを忘れずに、日本側は丁寧にアメリカ側を説得し続けることが重要です。

「過去は決着済み」が国際合意

アジア共産化の危機に直面したアメリカ政府は、「アジアの平和を維持するため、日本を弱くすべき」から、「強い日本がアジアに安定をもたらす」「強い日本」政策へと、対日政策を百八十度転換します。

それまで日本を弱体化しようとしていたのですが、ロイヤル陸軍長官は一九四八年一月六日、「日本を極東における全体主義（共産主義）に対する防壁にする」と演説し、占領政策の転換を明言しました。それまで野放しであった日本共産党の活動も厳しく取り締まり、日本の保守政治家たちの政界復帰を支援するようになります。

翌昭和二十四（一九四九）年二月二十四日には、「東京裁判」を閉廷、つまりやめてしまいます。ソ連や中国共産党が侵略戦争を行っているにもかかわらず、日本だけを侵略国家と非難することがあまりにもバカバカしくなったからです。

そして一九五〇年六月、北朝鮮が韓国を攻撃し、朝鮮戦争が勃発するや、アメリカ占領軍のマッカーサー司令官は日本政府に対して直ちに警察予備隊の創設を命じます。

「アジアの平和を守るためには、強い日本が必要だ」――そう考えたアメリカ政府は一九五一年九月、旧連合国をサンフランシスコに集めました。

この国際会議には世界五十二カ国が集まり、旧連合国と日本との間でサンフランシスコ講和条約が締結されました（ソ連、ポーランド、チェコスロバキアの共産圏三カ国は講和会議に参加したものの、中国共産党政府の不参加を理由に会議の無効を訴え、署名しなかったため、署名国は四十九カ国）。

アメリカを始めとする世界四十九カ国はこの講和会議において次のような合意をしました。

①日本は、アメリカ、イギリスなどと同じ自由主義陣営の一員であり、ソ連共産主義の脅威から世界の平和を守る側の国である。

②よって日米安保条約のもと、日本が一人前の独立国家として軍事力を持つ国になること

がアジアの平和にとって重要だ。

③講和条約の締結によって「国際法上の大赦（戦争責任をすべて免除）」を意味するアムネスティ条項が成立するので、戦争中の犯罪や責任問題はすべて水に流すこととする。

④講和条約の締結によって連合国との戦争状態、つまり占領は終結する。連合国の戦争行為の一環として行われた占領政策は占領終結をもって「無効」となる。

⑤講和条約の発効に伴い、日本は、主権を回復し、独立国家として自由に政治を行うことができる。当然のことながら、占領中に制定された憲法や法律の改廃も自由に行うことができる。

繰り返しますが、重要なことは、これらのポイントを世界四十九カ国が認めたということです。

このような国際的な合意に基づいて一九五二年四月二十八日、講和条約が発効すると、日本は直ちに憲法改正を叫び、いわゆる「戦犯」釈放に動き、建国記念日復活や教育基本法改正などに取り組み始めましたが、アメリカを始めとする条約締結国は何ら異議を唱えませんでした。

このようにサンフランシスコ講和条約によって日本を「自由主義陣営の一員」と見なす新しい国際秩序が構築されたことから、サンフランシスコ体制と呼ばれます。

中国も韓国も日本のリベラル派も無視していますが、「日本悪玉論のヤルタ体制」から、「日本善玉論のサンフランシスコ体制」へ、戦後の国際秩序は大きく転換したのです。

このサンフランシスコ体制を構築するため、日本は多大な犠牲を払いました。

①この国際条約によって、これまで合法的に入手した台湾や南方諸島、千島列島などの領有権を放棄させられました。

②実に千人以上の方がいわゆる戦争犯罪人として（その多くは恐らく冤罪です）処刑されました。

③アメリカ、中国、朝鮮半島、台湾など外地にあった日本の財産はすべて没収された上、交戦国に対しては個別の条約を結び、賠償金を支払いました。

④しかも連合国による戦争犯罪、例えば原爆投下や東京大空襲など、無差別の民間人殺害に対する補償もすべて放棄させられました。

これだけの犠牲と引き換えに日本はサンフランシスコ講和条約を四十九カ国と締結し、戦争に関わる問題をすべて水に流す講和を実現したのです。

孤立しているのは中国と韓国の方だ

それでは冒頭の問いに戻ります。

《過去の問題でなぜ日本は今でも非難されるのか》

この問いは、実は正確ではありません。

《世界の大半は、日本を非難するつもりはない。いまなお過去の問題で日本を非難するのは、世界百九十数カ国のうち、中国、ソ連、韓国、北朝鮮のわずか四カ国に過ぎない》

これが現実です。

そして、これら四カ国はすべてサンフランシスコ講和条約に署名をしていないのです。ソ連は、サンフランシスコ講和会議に出席しながら講和条約に署名しませんでした。一方、中国共産党政府と韓国、北朝鮮はそもそも講和会議に招待されませんでした。この三カ国は、国際社会の一員として認めてもらえなかったのです。

このようにサンフランシスコ講和条約を締結した一九五一年九月当時、日本の過去を水に流し、「強い日本がアジアに安定をもたらす」ことに賛成した国は、アメリカを含む四十九カ国。反対した国は、ソ連、中国共産党、韓国、北朝鮮のたった四カ国に過ぎません。

しかも日本はその後、韓国及び中国共産党政府とは個別に条約・協定を結び、多額の資金供与と引き換えに過去の問題について決着をつけています。

よって、「日中間の第二次大戦に関する問題は一九七八年の平和友好条約調印で終わっている。中国は再びこの問題をむしかえし、韓国も異議を唱えているが、そこに合理的な正当性はない」（インドのシンクタンク、オブザーバー研究財団上席研究員ラジェスワリ・P・ラジャゴパラン氏）というのが、国際社会の一般的な見方なのです。

孤立しているのは、中国と韓国の方です。国際社会の圧倒的多数は、日本の過去の問題は決着済みと考えていることを忘れないようにしたいものです。

三、日本の友人としてのイスラム

イスラム国とイスラム教徒を混同すべきではない

イスラム系過激派組織「イスラム国（ＩＳＩＬ）」がイラク北西部からシリア東部の一帯でイスラム国家の樹立を宣言し、欧米人の殺害動画を相次いで公開したことを覚えておられると思います。

この過激派組織が二〇一五年一月二十日、今度は日本人二人の殺害を警告したビデオ声明を公表しました。この声明では、日本が欧米諸国と連携していることを以て、日本が「十字軍」に加わろうとしていると非難しています。十字軍とは、イスラム勢力がキリスト教徒中心の欧米諸国を批判する際によく使われる表現です。この過激派組織は十字軍を使うことで日本を「敵」と位置付けようとしているわけです。

しかし、安倍首相は中東の難民に対する人道的支援を申し出ただけで、イスラム教徒を敵視する政策などは打ち出していません。

そもそも日本はこれまでキリスト教国家である欧米諸国とは異なり、イスラム教徒と戦ったことはありません。そのため日本は、石油関係で中東イスラム諸国とは深い関係を保ってきたほか、湾岸戦争後の掃海作業など国連平和維持活動として中東に自衛隊を派遣するなどイスラム勢力との付き合いは深まってきましたが、イスラム勢力から敵視されることはありませんでした。

ところが「イスラム国」というイスラム系過激派組織が日本人殺害を警告してきたことから、日本の中にイスラム教徒に対する反発や誤解が生まれることが危惧されました。

イスラム勢力と日本はどのように付き合うのかは、日本にとって極めて重要です。そこでイスラム勢力と日本はどのように付き合うべきなのか、考え方を整理しておきたいと思います。

第一に、日本政府に警告を発した「イスラム国」という組織は、イスラム教徒であることを名乗ってはいるものの、普通のイスラム教徒を代表した組織ではありません。むしろ穏健なイスラム教徒たちからも非難されている犯罪者集団です。

サリン事件を起こしたオウム真理教は仏教系でしたが、だからといって仏教徒すべてを過激派とみなすことが誤りであるのと同じく、イスラム国とイスラム教を混同することは間違いです。

第二に、同じイスラム教徒と言っても、中東と東南アジアでは、全く気質が異なります。

中東の、特にパレスチナやイラク、イランなどのイスラム教徒は、第二次世界大戦後も何度となく戦争に巻き込まれ、肉親を殺されてきました。しかも未だに紛争が続いており、将来への希望を持つことはおろか、平和な生活を送れる目処も立っていません。そうした絶望的な状況に追い込まれてきたことも手伝って、中東のイスラム勢力は欧米に対して攻撃的な傾向が強いと言わざるを得ません。

一方、経済発展が著しい東南アジアのイスラム勢力は、日本人に対して極めて好意的です。キリスト教徒と違って日本人はイスラム教に対して偏見を持っていないことが大きな要因です。

特にイスラム人口が一億人を超え、世界最大のイスラム国家であるインドネシアは、大東亜戦争とその後の対オランダ独立戦争においてインドネシア独立を支援した歴史があることから、日本に対して極めて好意的です。

平成二十六（二〇一四）年四月、駐日インドネシア大使としてユスロン・イーザ博士が東京に着任されました。このユスロン大使の兄で、法務・人権担当大臣であったユスリル・イーザ・マヘンドラ（Yusril Ihza Mahendra）大臣にインタビューをしたことがあります。

インタビューをした当時、ユスリル法務大臣は、インドネシア法曹界の権威であるだけでなく、イスラム派の政党である月星党（ＰＢＢ）党首として世界的なイスラム指導者の一人でした（その後、官房長官を務め、現在は政界を引退されています）。

世界的なイスラム指導者の一人が、日本に対して、また、欧米に対してどのように考えているのか、ここでインタビュー録を紹介したいと思います。

インドネシアは中国の反日宣伝を信じない

会見は、平成十三年（二〇〇一年）十一月三十日、大臣が宿泊している帝国ホテルの一室で行われました。

通訳は当時インドネシア通産省の特別顧問を勤め、のちに駐日インドネシア大使に就任したユスロン博士に務めていただきました。ユスロン博士は筑波大学に留学経験があり、日本語も堪能です。

当時は終戦七十年ということで、中国共産党政府は、慰安婦や南京事件などを使って日本を厳しく非難していました。

私は会見の冒頭、いわゆる南京大虐殺を立証する証拠がないことを主張する日英バイリンガルの単行本『再審「南京大虐殺」』（明成社刊）を手にしながら、濃紺のスーツにインド系の端正な顔立ちのユスリル法務大臣に対して次のように訴えました。

《中国系アメリカ人のアイリス・チャンが一九九七年十一月に『ザ・レイプ・オブ南京』という本をアメリカで出版して、「日本は戦前、南京大虐殺というホロコーストをやった」と主張、アメリカ世論に多大な影響を与えました。

このチャンの背景を調べてみると、中国共産党の陰がちらつきます。つまりは南京大虐殺を宣伝することによってアメリカ世論の反日化、ひいては日米分断を狙っているのではないかと思うのです。

そこで私たちは、昨年（二〇〇〇年）十一月、日英バイリンガルの『再審「南京大虐殺」』という本を出して、広くアメリカの対アジア研究者、シンクタンク、政治家に送り、それなりの反響を得ることができました。

しかし、中国共産党の新聞「人民日報」を読んでいると、中国共産党はインドネシアも含めアジア諸国でも、日本軍がいかに残虐だったのかという写真展を開催したりしていますので、中国共産党政府の宣伝にインドネシアの人達が巻きこまれやしないかと憂慮しています》

黙って私の話に耳を傾けていたユスリル法務大臣はゆっくりと話し始めました。

《南京大虐殺について、インドネシア人は、中国人と違って興味はない。中国のプロパガンダは、インドネシアにそんなに深く入っていないので、それによって日本とインドネシアの関係が悪くなることはないので安心してほしい。

過去のことに関して言えば、日本は、一九四二年から一九四五年まで三年半、インドネシアを占領した。しかし、私たちインドネシア人の頭に残っている日本軍に対するイメージは、中国人と違って、インドネシアに良い影響を与えたというものだ。

日本が東南アジアに進出した時、インドネシアを含めて東南アジアの国々は、「これはアジアと西洋人との戦争になった」と受け止めた。あの当時、日本軍が東南アジアに入ってきて「アジア解放」という方針を出した。その方針を、百％東南アジアの人々が信じたわけではないけれども、やはり有り難いことだった。精神的に日本人はアジア人の兄貴だ。その兄貴と協力して西洋人と戦争をするということは、私たちインドネシアにとって非常に良いことだった。

実に三百五十年間、インドネシアはオランダの植民地となっていたが、この長い間に、オランダ人はただの一回でもインドネシア人に戦い方、武器の使い方を教えようとはしなかった。

一方、日本人はたった三年半の短い間だったが、武器の使い方を教えてくれたので、日本とインドネシアは共に協力して、オランダとの戦争を戦った。

第二次世界大戦後、負けた状態で日本は本国に帰った。代わって再びオランダ軍がインドネシアに攻めてきたので、インドネシア人は日本軍から教えてもらった戦争の技術、ノウハウをもってオランダ軍と戦った。だから、インドネシア人は、日本人に対して悪いイメージを持っていない。

日本から教えられたのは、戦争のノウハウだけではない。私はインドネシア憲法が専門だが、インドネシア憲法は、三年半にわたる日本軍政を通じて日本政府の協力によって作られた。このことをほとんどの日本人は知らないようだ。

以前、日本の大学で私は「インドネシア憲法は、日本軍の協力を通じて作られた」と話したが、日本の大学生たちはみな初めて聞いたという顔をしていた》

戦後賠償を払うべきはオランダだ

続いてユスリル法務大臣は「過去」と「戦後補償」の問題について、インドネシアの最高責任者として、次のように述べました。


《先日、ジャカルタの日本大使館の前で「日本政府は、戦時中日本軍の捕虜となったオランダ人に戦争の賠償を払え」というデモがあった。それを言うならば、インドネシアも、オランダに戦後賠償を払ってもらいたい。占領期間を考えれば、日本軍は三年半で、オランダは三百五十年間だから、オランダからは日本の百倍の賠償金が欲しい。

私が法務大臣として、オランダの法務大臣に会うと、「インドネシアは東ティモールなどの人権問題がある」とうるさく言ってくる。東ティモールでインドネシア軍が住民弾圧をしているというオランダのプロパガンダによって、インドネシアは国際社会の中で難しい立場に立たされている。

しかし、もし人権侵害と言うならば、オランダも過去三百五十年間にわたってインドネシアにもっとひどい人権侵害をしてきたではないか。実際、東ティモールがポルトガルに占領されて以来七百年もの間、ポルトガルは、東ティモールで何人の命を奪ったことか。キリスト教への入信を拒んだ人々をどれだけ殺害したことか。

今、ヨーロッパ諸国は人権の英雄となっているけれども、実際の歴史を見ると、全く違う。私たちインドネシア人は、人権への配慮をしてもらったことはない。

一九〇五年、オランダ政府は、バリの王族を全部殺した。オランダとの独立戦争を繰り広げていた一九四八年、ウエスターリンというオランダ人は、南スラウェシで四万人のインドネシア人を殺した。

ところが、今に至るまで、バリの王族を皆殺しにしたオランダの軍人も、ウエスターリンも、その責任を追求されてはいない。それどころかウエスターリンはオランダに帰ったときに勲章をもらっている。

インドネシアの人権侵害を非難するオランダの法務大臣にこの話をしたところ、彼は口をつぐんでしまった》

欧米の一部マスコミによる偏見に惑わされるな

冷静な口調ながらも、ユスリル法務大臣の話は次第に熱を帯び、イスラムの問題について触れ始めました。

《日本は中国のプロパガンダに対抗しようとしている。インドネシアもヨーロッパのプロパガンダに対抗しようとしている。そういう意味で同じ課題に取り組んでいるのだから、大いに協力しようではないか。

アメリカ政府からも人権の問題をうるさく言われた。そこで、私が「ベトナム戦争では、何人の命をアメリカは奪ったか」と言うと、オルブライト国務長官は顔を真っ赤にしていた。欧米人は、発展途上国を国際社会において難しい立場に置くことを目的に、人権問題のことばかりを言ってくる。

しかし、彼ら欧米人たちは、自分たちが過去に行ってきた人権侵害のことをすっかり忘れている。彼らは、自らの人権侵害を追及されたくないばかりに、わざとそう仕向けているのではないか。

わが月星党は、マレーシアのマハティール首相にならってイスラムの近代化運動を一貫して進めてきたのに、欧米のマスコミに「イスラム原理主義の党だ」と報じられ、とても困っている。

以前、ヨーロッパで取材を受けた際にも、私がジーパン姿でいたため、記者はひどく驚いていた。恐らくターバンを巻いてひげをはやしているという先入観を持っていたからだろう。今回の訪日でも日本経済新聞社から取材を受けたので、敢えて顔写真を出してもらった。写真を載せてもらえれば、私があごひげを生やし、ターバンを着用しているのではなく、ひげもなく、普通のスーツ姿であり、皆さんと何ら変わらないことを理解してもらえると思ったからだ》

こう笑いながら話されたユスリル大臣でしたが、イスラム教に対する欧米マスコミの偏見のひどさは笑い事ではありません。

つい数年前にもフランスで、イスラム教を揶揄するフランスの新聞に対してイスラム系過激派がテロを行い、国際的な反発を引き起こしました。

テロは絶対に許されるべきではありませんが、その一方で言論の自由を理由にしてイスラム教を冒涜し、イスラム教に対する偏見を煽る欧米の一部マスコミの姿勢にも大きな問題があることを理解すべきです。

欧米の一部マスコミによる偏見に惑わされることなく、少なくとも東南アジアのイスラム勢力が日本の味方となり得ることだけは、きちんと理解しておきたいものです。

四、日ロ交渉に「歴史」と「軍備」を

地上戦は沖縄だけに非ず

平成二十八（二〇一六）年八月下旬、北方領土視察研修旅行に参加し、稚内から宗谷、網走、羅臼、根室、納沙布岬を訪問し、現地の皆さんと意見交換をしてきました。

氷雪の門と九人の乙女の碑が立つ稚内公園から遥か南樺太を望み、羅臼では北方領土からの引揚者の話を伺い、知床峠と納沙布岬から国後島の島影を拝してきました。

「沖縄戦は日本で唯一の地上戦」というフレーズをよく聞きますが、南樺太と千島列島の最北端、占守島においても激しい地上戦があったことを改めて痛感しました。

日本領であった南樺太では戦前、ソ連が日ソ中立条約を一方的に破棄して昭和二十（一九四五）年八月九日から攻撃を始め、日本軍の降伏を定めたポツダム宣言の受諾を公表した八月十五日以降も、ソ連の「侵略」は続きました。ソ連は、ポツダム宣言という国際合意を守らなかったのです。

一般市民をも対象にした無差別攻撃を繰り返すソ連軍に対して日本軍も果敢に応戦し、八月二十二日にようやく停戦協定が結ばれました。

その間、南樺太・真岡市では九人の電話交換手が自決に追い込まれ、北海道に引き揚げる人々を乗せた船三隻がソ連軍によって撃沈され、約千七百人が犠牲になりました。南樺太全土が八月二十五日までに占領されましたが、その間に約十万人の一般市民がソ連軍の無差別攻撃の犠牲になったと言われています。

ソ連は、千島列島の占守島にも攻め込みました。攻撃を開始したのは、日本が降伏を宣言した三日後の八月十八日であり、日本軍はソ連軍を撃退しましたが、改めて日本政府からの戦闘停止命令を受け、応戦を停止。結果的にソ連軍によって千島列島も占領されてしまいました。

しかも南樺太、千島列島にいた日本軍将兵たちはその後、中国大陸にいた日本軍将兵とともにシベリアに抑留されました。その総数は一説によれば、抑留者百万から百二十万人、死亡者四十万人以上と言われます。

このようにソ連は、日ソ中立条約という正式な国家の約束も、ポツダム宣言という国際的な停戦協定さえも守らない国であり、一般市民十万人以上を無差別に攻撃して殺害し、その財産を略奪し、領土を不法に占拠したわけです。

しかも、そうした「侵略」や「大虐殺」を反省する意向を全く示していないのが、ソ連の後を継ぐロシアという国なのです。

教えられない「ソ連による侵略」

ところが、このような歴史は、日本ではほとんど教えられていません。

それどころか終戦七十年に際して日本の歴史認識についてまとめた「二十世紀を振り返り二十一世紀の世界秩序と日本の役割を構想するための有識者懇談会」の報告書にも、安倍総理談話においても、「ソ連の侵略と千島列島・北方領土の不法占拠」については全く触れていません。

これらの「戦争犯罪」について国際条約でも決着がついていない以上、日本は「ソ連による不法行為は許さない」との毅然たる姿勢を国際社会に対して宣伝すべきなのですが、それもほとんどしてきませんでした。

あれほど過去の反省を主張しながら、日本国民が不当に殺害され、領土を奪われたことについてはほとんど触れてこなかったのです。

何故なのでしょうか。

その一因として、ロシアの対日工作があります。ロシアはソ連時代から日本に対する情報工作を進めており、政界、官界、そしてマスコミに広く影響力を発揮してきました。瀧澤一郎元防大教授も指摘しているように、ロシアに都合の良い情報を相手国の学者やマスコミを使って意図的に流布させることを「アクティブ・メジャーズ（積極工作）」と呼び、そうした対外情報工作を担当する専門部局がロシア政府部内には設置されています。

その活動は今なお盛んであり、東京で開催されているインテリジェンスの会合に行けば、必ずと言っていいほどロシア大使館の関係者の顔を見ます。

私は警戒して絶対に名刺交換をしませんが、ロシア政府の工作員たちがいまも我が国のロシア専門家、マスコミ、官僚にも積極的にアプローチしていて、その影響が二十一世紀懇「報告書」や「安倍談話」にも表れていると見るべきでしょう。

安倍政権が国益をしっかりと守ろうと考え、戦略的な地球儀外交を推進していることに心より敬意を表するものの、果たしてソ連の戦争犯罪について沈黙するような外務省の「歴史認識」で日ロ交渉は大丈夫なのでしょうか。

平成二十八（二〇一六）年九月一日に、ロシア経済分野協力担当大臣に就任した世耕弘成経済産業大臣が「私が見た安倍・プーチン会談」というインタビュー録を「文藝春秋」十一月号（平成二十八年）に載せています。

経済協力担当大臣なのだから当然のことなのですが、議論になっているのは「経済協力」ばかりで、日ロ間の安全保障についても、旧ソ連軍の「戦争責任」についても言及していません。

北方領土についても、

《これは最終的には首脳同士で、あるいはそれぞれの外務省で交渉する話です……経済協力プロジェクトの進捗が、ロシア国民の感情に好影響を与え、結果として首脳間や外務省間の交渉が進めやすい環境を作れればと願っています》

と語るに留めています。

軍事力拡大のロシア

「経済協力を通じて日ロ関係を改善し、北方領土を返還させる」という安倍政権の基本姿勢について、当然のことながら専門家からも疑義が出されています。例えば、木村汎北海道大学名誉教授は平成二十八（二〇一六）年十月五日付産経新聞の「正論」欄でこう指摘しています。

《ロシアのプーチン大統領の来日は、戦後の日露関係史における分水嶺になろう。日本側にとって最悪シナリオは、安倍晋三首相が事実上、歯舞・色丹の二島だけの返還に終わる共同声明に合意すること。平和条約締結後も、国後・択捉の交渉を続行するとの約束を信じて、経済共同開発に半永久的に協力させられることだ》

戦後の日ロ交渉を見れば、木村名誉教授の懸念はよく分かります。

確かに「軍事的に台頭する中国を牽制するためには、ロシアとの関係改善は必要だ」という意見もあり、それも一理あると思います。よって問題は、本当に中ロ間にくさびを打てるのか、ということです。この点について木村名誉教授は悲観的です。

《今後の日本にとっての脅威となってゆくのは中国だ。中国に対抗するためには、米国に頼っているだけでは心許ない。ロシアとの関係を改善して中国に当たることが賢明だ、と。確かにこの有力説には一理がある。中露は揺るぎない「同盟」ではなく、「戦略パートナーシップ」関係にあるだけだ。価値観を同一にして安保条約で結ばれている日米関係とは異なる。実際、かつて中ソ両国は、共産主義ドクトリンの解釈をめぐって対立し、揚げ句の果てに珍宝島付近で戦火を交えたことすらある。その後両国は関係を修復し、中国はロシア製武器の最大の顧客になったものの、ロシアは己に向けられる危険性のある高性能兵器の中国向け輸出を手控えていた》

東西冷戦時代、アメリカのリチャード・ニクソン大統領がソ連に対抗するために、それまで東側であった中国共産党政府と手を結び、ソ連を追い詰めることに成功しました。

しかし冷戦終結後、アメリカ一強の時代となるや、中国とロシアは関係改善に向かい、「今日、損得計算にもとづく「便宜結婚」関係を結んでいる」。そして中ロ両国は軍事面で協力関係を強化しているのです。

前衆議院議員の西村眞悟氏は平成二十八（二〇一六）年十月四日付メールマガジンでこう指摘しています。

《昨年九月、プーチン大統領は、中共の対日戦勝利七十周年の軍事パレードに出席し、天安門で習近平主席と並んでパレードを見学した。

本年六月、ロシア軍艦は中国軍艦に先駆けて沖縄県沖の我が国の接続水域に侵入した。

本年九月、ロシア海軍は中国海軍と南シナ海で合同軍事演習を行った。

このように、現在、ロシアと中共は、思いの外、親密である》

「力の信奉者」ロシア

そもそもロシアは、紙に書いた条約、約束を簡単に反故にしてきた国です。

たとえ日ロ首脳会談でプーチン大統領が北方領土の返還を約束したところで、そもそもその約束を守らせるだけの「強制力」が今の日本にあるのでしょうか。

一九九七年、シベリアのクラスノヤルスクで当時の橋本龍太郎首相とエリツィン大統領の間で「二〇〇〇年までに平和条約を締結するよう全力で努力する」ことが合意され、日本政府は全面的に経済支援に踏み切りましたが、その約束は結果的に反故にされました。

西村眞悟氏はこう指摘します。

《ウクライナの親ロシア派のヤヌコービッチ政権が倒されて親欧米派の政権が誕生した平成二十六年（二〇一四年）、プーチン大統領は軍事力を用いてモスクワから千キロ南西のウクライナのクリミアとセバストーポリをロシアに編入した。

以後、ヨーロッパではモスクワから六百キロ北西のバルト三国にもプーチン大統領がロシア軍を侵入させるという予測が現実味をおびて語られている。

そもそもプーチン大統領（というよりロシア）は、昔から「力の信奉者」である。力を信じないロシアなど、あろうか》

では、紙の上に書かれた文字（条約や合意）などを守るつもりがない「力の信奉者」であるロシアはいま、日本に対して何をしているのか。

《我が国の南の南シナ海において中共が軍事基地を建設している。同様に、ロシアは、我が国の北のオホーツク海と北太平洋の境にある国後・択捉に軍事基地建設を進めている。

南シナ海の中共の軍事基地が脅威なら、目と鼻の先の我が国領土である国後・択捉のロシアの軍事基地は更に脅威ではないか。

我が航空自衛隊のスクランブル発進は、平成二十六年までロシア軍機に対するものが一番多かった。

我が空自が初めて実弾射撃による警告を発した軍用機は、沖縄の領空を侵犯してアメリカ軍基地と空自基地の上空を飛行したソ連軍機である（昭和六十二年十二月）。

現在、空自のスクランブル発進は対中国軍機が第一位で次ぎに対ロシア軍機が第二位である。中共の軍事力とロシアの軍事力は、共に脅威ではないか》

網走刑務所はなぜ作られたのか

しかもロシア政府は、日本に対する爆撃能力を更に高めようとしています。

《六日付のロシア紙イズベスチヤは、ロシア国防省が極東に数十機の爆撃機から成る航空師団を創設し、日本とハワイ、グアムに囲まれた太平洋の海域を対象に哨戒活動を行う方針だと報じた。アジア太平洋地域を重視していることを米国などに示すのが狙いだとの専門家の見方も紹介した》（平成二十八年十月六日共同通信）

こうしたロシアの対日軍事攻勢に対して我が国では、こともあろうに北海道の「武装解除」が進んでいるのです。火箱芳文元陸上幕僚長はこう指摘しています。

《かつて一二〇〇両・門ずつあった戦車と火砲は、二五大綱（「平成二十六年度以降に係る防衛計画の大綱について」平成二十五年発表）ではそれぞれ三〇〇両にまで減らされてしまった。戦車のない部隊は敵戦車部隊に遭えば一気に蹂躙されますし、火砲の支援のない普通科部隊は敵の銃砲撃のなかで肉弾突撃するしかない。まるで、陸上自衛隊を第二次世界大戦以前の歩兵主体の部隊に逆戻りさせているとしか思えません》（「武器さえ持てない自衛隊」、『Voice』平成二十八年十一月号）

なんでこんな事態になっているのかと言えば、中国を想定して沖縄を含む南西諸島防衛に力を入れているためです。

本来ならば、南西諸島防衛のために新たに防衛予算を増加させるべきなのですが、安倍政権が防衛予算を増やさないため、北海道の戦車などを大幅に削減して南西諸島防衛の予算を捻出しているのです。

かくして軍事を重視する国際社会から見れば、「対日攻撃態勢を強化するロシアに対して、対ロ武装解除を進める安倍政権」という構図なのです。

今回の北方領土視察研修では、博物館網走監獄を見学しました。博物館の展示を読むと、シベリアから樺太、そして北海道に攻め込もうとするロシア帝国に対抗して当時の明治政府は、北海道の実効支配を強めるために網走に刑務所を作り、囚人たちを使って道路を作り、国の守りを懸命に固めようとしたことが分かります。ロシアの恫喝に屈することなく、領土を守ろうとするならば、軍事力が必要であることを明治の指導者たちはよく理解していたのです。

十数年前、ＡＳＥＡＮのある軍幹部からも、「北方領土を本気で奪還するつもりがあるならば、日本政府は北海道に対ロ戦略爆撃部隊を配置し、『返さなければ、ロシアの軍事基地を爆撃するぞ』と、力を見せつけるべきだ」というアドバイスを受けました。

相手国に法と正義を守らせるためには、軍事力の裏付けが必須であり、それには日本が軍事的に強くなること、具体的には防衛予算の増加が必要です。防衛費増額に反対する諸野党、そして財務省は、対ロ交渉の武器を安倍政権から奪い、北方領土奪還を妨害しているわけです。

なんとしても北方領土を奪還したい。そのためにも、「歴史」と「軍事」、つまり「力の信奉者」であるロシアの戦争責任を徹底的に追及する国際世論工作と、北海道の防衛力強化を背景にした、したたかな対ロ交渉の再構築が必要だと思います。

五、ヴェノナ文書とインテリジェンス・ヒストリー

ソ連・コミンテルンとの戦いだった二十世紀

あまり話題になりませんでしたか、二〇一七年十一月は、ロシア革命からちょうど百年にあたりました。

このロシア革命によって政権を握ったレーニン率いるボリシェビキ（後のソ連共産党）が一九二二年に世界で初めてソ連という「共産主義」国家を樹立しました（正確には「社会主義」国家と自称）。

レーニンは、ソ連だけでなく、世界をすべて共産主義化しようと、「コミンテルン」という世界の共産主義者ネットワークを構築し、世界各国に対する秘密工作を仕掛けました。世界各国のマスコミ、労働組合、政府、軍の中に「秘密工作員」を送り込み、秘密裏に対象国の政治を操ろうとしたのです。

この対外工作によって世界各地に「共産党」が創設され、第二次世界大戦後、東欧や中欧、中国、北朝鮮、ベトナムなど世界各地に「共産主義国家」が誕生し、アメリカを中心とする「自由主義国」と、ソ連を中心とする「共産主義国」によって世界は二分され、「東西冷戦」

という名の紛争が各地で起こりました。

ある意味、二十世紀は、ソ連・コミンテルンとの戦いでした。ソ連・コミンテルンと共産主義を抜きにして二十世紀を語ることはできません。

現在、ヨーロッパ各国には、ソ連と共産主義の恐ろしさを語り継ぐ資料館が建てられ、地元の生徒たちが熱心に見学に来ています。

この「東西冷戦」は一九九一年のソ連の崩壊によって終結したと言われていますが、それはヨーロッパの話です。残念ながらソ連崩壊のあとも、アジア太平洋には中国共産党政府と北朝鮮という二つの共産主義国家が存在し、国民の人権や言論の自由を弾圧しているだけでなく、アジア太平洋の平和と繁栄を脅かしているのです。

この中国と北朝鮮という二つの「共産主義」国家が第二次世界大戦後、なぜ誕生したのか。その経緯を調べると、アメリカのフランクリン・デラノ・ルーズヴェルト民主党政権がソ連に協力して、アジアの共産化に手を貸した「歴史」が見えてきます。

第二次世界大戦当時、アメリカとソ連は同盟国でした。そして、アメリカのルーズヴェルト政権は、ソ連のスターリンと組んで国際連合を創設し、戦後の国際秩序を構築しようとしました。その交渉過程の中で、ルーズヴェルト民主党政権は、こともあろうにソ連・コミンテルンによるアジアの共産化——特に中国共産党政府と北朝鮮の誕生——に協力したのです。

それから半世紀が過ぎ、多くの機密文書が公開されたことで、日本を開戦に追い込み、東欧とアジアの共産化に協力したルーズヴェルト民主党政権の問題点が、アメリカの保守系の学者やジャーナリストたちの手によって次々と明らかにされてきています。

その結果、アジア太平洋で戦争を引き起こし、世界を混乱させたのは日本ではなく、ソ連・コミンテルンとルーズヴェルト政権だったのではないか、という視点が浮上してきているのです。

ところが残念なことに、アメリカのそうした動向は日本ではほとんど紹介されません。

そこで平成二十八（二〇一六）年、アメリカにおける近現代史見直しの動向について紹介すべく『アメリカ側から見た東京裁判史観の虚妄』（祥伝社新書）を上梓しました。

その続編として翌年十一月、『日本は誰と戦ったのか——コミンテルンの秘密工作を追及するアメリカ』（ＫＫベストセラーズ）を出し、アメリカの反共保守派たちが、「先の日米戦争の原因は、ソ連による秘密工作員とそれに操られたルーズヴェルト政権にあるのではないか」とする研究をしていることを具体的に紹介しました。

こうした日米戦争見直しの代表格が、アメリカの保守主義運動を牽引してきた著名な作家であるＭ・スタントン・エヴァンズと、インテリジェンスの専門家であるハーバート・ロマースタインです。彼らは『*Stalin's Secret Agents: The Subversion of Roosevelt's Government*（スターリンの秘密工作員：ルーズヴェルト政権の破壊活動）』（Threshold Editions, 2012, 未邦訳）を出し、日米戦争を始めたのは日本であったとしても、その背後で日米両国を戦争へと追い込んだのが実はソ連・コミンテルンの工作員・協力者たちであったと指摘しているのです。

その指摘が正しいかどうかについては厳密な検証が必要ですが、それはそれとしてこうした議論がアメリカの反共保守派の間で活発に行われている現実に目を向けていただきたいと思います。

日本の終戦を遅らせたスターリン

日本の敗戦後、アメリカを中心とする連合国は東京裁判を開廷し、「日本は侵略国家だ」という一方的なレッテルを貼りました。

この東京裁判史観のもとで、わが国の歴史学会もマスコミも、「侵略戦争をしたのは日本陸軍が悪かったからだ」、「いや東條英機首相が悪かった」、「日本海軍にも責任がある」、「昭和天皇にこそ戦争責任がある」といった形で「侵略戦争の責任」を、「日本の誰か」に負わせようとする議論ばかりをしてきました。

この東京裁判史観について私はかねてより、自国のことを非難するだけで他国の動向を見ようとしないという意味で「偏狭史観」と呼ぶべきだと思っていました。国際政治というのは、複数の国々の思惑で動くものであって、日本だけに「責任」があるかのような議論自体がおかしいのです。そして「日本が一方的に戦争を引き起こした」とする東京裁判史観を奉じているから、戦後、憲法九条のもとで「不戦の誓い」をしていれば戦争にならないなどという、特異な政治感覚を持ってしまったのではないでしょうか。

実際に東京裁判史観を奉じる人たちの多くは、北朝鮮が核兵器を開発し、わが国に対してミサイルを撃とうが、中国が尖閣諸島周辺に戦闘機や軍艦を派遣し、わが国の領土・領海を脅やかそうが、「憲法九条を守れ」と呪文を唱えるだけです。日本を取り巻く外国の「悪意」を見ようとしない偏狭さには呆れるしかありません。

こうした国際感覚の欠落への反省からか、偏狭な東京裁判史観を見直す動きが起こっています。たとえば、アメリカのカリフォルニア大学の長谷川毅教授は『暗闘　スターリン、トルーマンと日本降伏』（中央公論新社、二〇〇六年）の中で、こう指摘しています。

《太平洋戦争末期に日本の為政者が終戦を決定した政治過程は、日本人が大きな関心をもってきた問題である。終戦から現在にいたるまで、おびただしい書物や論文が発表されたにもかかわらず、不思議なことに、日本の終戦にいたる政治過程を国際的な文脈から緻密に分析した学術的な研究は存在しない》

毎年八月になると日本のテレビや新聞では恒例行事のように、終戦過程が話題になってきました。その大半が、「国体護持」つまり皇室を守ろうとするあまり日本政府は早期降伏を決断できず、沖縄戦と広島、長崎の原爆投下で多くの人命が犠牲になったとして、日本政府の決断の遅さを糾弾する議論でした。

日本のテレビ局も歴史学者たちも戦後七十年余り、日本の終戦が遅れたことをもって「当時の日本政府と皇室」をさんざん非難してきましたが、長谷川教授に言わせれば、「なぜ終戦が遅れたのか」について国際的な文脈からの学術的な研究は「存在しない」のです。

学術的な裏付けがないにもかかわらず、戦前の日本政府と皇室を罵倒してきた彼らが触れようとしてこなかったことの一つが「ソ連の役割」です。長谷川教授はこう続けます。

《太平洋戦争終結を論じるときに、ソ連の役割は、アメリカと日本の歴史家によって無視されている》

日本政府は昭和二十年当時、なんとか早期終戦を実現しようと必死に模索し、日ソ中立条約を締結していたソ連を相手に和平交渉をしようとしていました。この日ソ交渉を利用して日本の終戦を意図的に遅らせようとしたのが、ソ連の指導者スターリンでした。長谷川教授もこう強調しています。

《スターリンはさらに、日本がソ連参戦の前に降伏してしまうかもしれないことを危惧した。だからこそ、ソ連が対日戦争の準備を完了するまで日本が戦争を続けるように、アメリカが無条件降伏の要求をつらぬくことを奨励した。同時に、日本がソ連参戦を防止することができると信じるよう日本を欺こうとした》

ところが、こうしたスターリンの妨害工作を日本だけでなく、アメリカのリベラル系の歴史学者たちも無視してきたのです。

そこで、従来の日米両国の歴史研究の欠陥を是正するために、長谷川教授はソ連という要因を踏まえた国際関係史観、いわゆる「インターナショナル・ヒストリー」を描こうとしたと主張しています。

《この本は太平洋戦争の終結を、アメリカ、日本、ソ連の三国間の複雑な関係を詳しく検討して、国際的な観点から描き出すことを目的としている》

日本をひたすら糾弾する「偏狭史観」から、広い視野から複雑な国際関係と国内政治力学を見据えた「インターナショナル・ヒストリー」へと、歴史観の変更を迫った『暗闘』は「初めて完璧に描き出された太平洋戦争終結の真相」として第七回読売・吉野作造賞を受賞しました。

アメリカ政府を操ったソ連の秘密工作員たち

その学問的業績に心より敬意を表しますが、残念ながらこの『暗闘』によって「戦争終結の真相」が完璧に描き出されたわけではありません。まだ解き明かされていない謎があるのです。

長谷川教授は、ソ連の対日参戦についてこう述べています。

《この本は、アメリカによる原爆の投下を、これまで論じられていたよりもはるかに広い国際的な文脈のなかで再検討しようと試みた。トルーマンは、ポツダム会談が始まるまでに、解決不可能な二つのジレンマに直面していた。第一に、ソ連参戦は、日本を降伏させるには必要だと考えながら、できればこれを阻止したいというジレンマ。第二に、日本にたいし無条件降伏を押しつけたいものの、しかし終戦を早めるためには無条件降伏を緩和して、立憲君主制という形での天皇制の存続を認めようとする圧力に押されているというジレンマ。この二つであった》

これに対して前述したアメリカの保守派のスタントン・エヴァンズらは、次のような指摘をしているのです。

第一のジレンマについては、ポツダム会談当時、トルーマン大統領は「ソ連の参戦は、日本を降伏させるには必要だ」と考えていましたが、当時、米軍の幹部たちも国務省も「ソ連の対日参戦は不要」とする報告書を作成していました。ところが、それら複数の報告書は恐らく「側近たち」に妨害されてトルーマン大統領のもとには届かなかった、のです。トルーマンは「側近たち」によって「ソ連の参戦は、日本を降伏させるには必要だ」と考えるよう誘導されていたのです。

第二のジレンマについても、国務省や米軍の幹部たちの大半は終戦を早めるためには無条件降伏を緩和して、立憲君主制という形での天皇制の存続を認めようとしていました。ところが、トルーマン大統領の「側近たち」が無条件降伏にこだわっていたため早期終戦が実現しなかったのです。

この「側近たち」とは、大統領最側近のハリー・ホプキンス、モーゲンソー財務長官の側近ハリー・デクスター・ホワイト、大統領補佐官ラフリン・カリー、国務省高官アルジャー・ヒス、蔣介石顧問のオーウェン・ラティモアたちです。

長谷川教授は触れていませんが、彼らにはある共通点があるのです。

アメリカ政府は一九九五年、ソ連・コミンテルンのスパイたちの交信記録である「ヴェノナ（VENONA）文書」を公開しました。一九四〇年から一九四四年にかけて、アメリカにいるソ連のスパイとソ連本国との暗号電文をアメリカ陸軍が密かに傍受し、一九四三年から一九八〇年までの長期にわたってアメリカ国会安全保障局（NSA）がイギリス情報部と連携して解読した「ヴェノナ作戦」に関わる文書のことです。

この「ヴェノナ文書」の公開とその研究によって、これら「側近たち」が実は「ソ連・コミンテルンの工作員や協力者だった（少なくとも疑いあり）」ことが判明したのです。

このため、エヴァンズらは、日本の終戦が遅れたのは、こうした「ルーズヴェルト大統領の側近たち＝ソ連の秘密工作員たち」による終戦妨害工作があったからだと主張しているのです。この主張が事実だとするならば、日本の終戦が遅れ、広島・長崎に原爆が投下されたのは、日本政府の決断が遅れたことだけが原因ではなかったことになります。

このように「ヴェノナ文書」といった政府の機密文書に基づいて「ソ連の秘密工作員たちの暗躍」とその影響について論じる国際政治史研究のことを「インテリジェンス・ヒストリー」と呼びます。

『日本は誰と戦ったのか』（KKベストセラーズ）にて詳しいことは書きましたが、欧米諸国の間で急速に広まっているこの最新の学問のおかげで、いま、先の戦争を含む近現代史は大きく書き換えられつつあるのです。

Ⅳ

国家の命運と人生をつなぐもの

——再発見したい「日本を受け継いだ自分」

一、「神棚・仏壇」なき2DKと神道指令

芸能人の親が生活保護を不正受給していた事件がかつて、大きな話題となりました。残念ながらこれは氷山の一角に過ぎません。

世界有数の繁栄を誇る日本でありながら、身寄りがないため生活保護を受ける人数は平成二十九年二月、過去最多の二百十四万人を記録。生活保護の支給総額も平成十三年度に二兆円、平成二十一年度には三兆円を突破し、平成二十九年度の支給額は三兆八千億円を超えました。

尖閣諸島をめぐる中国の挑発などを受けて国の守りの重要性が指摘されていますが、自衛官の給与を除く防衛費は約三兆円です。つまりわが国は、防衛費に匹敵する予算を生活保護に割いているのです。しかも受給者の中には、実の息子や娘が親の面倒を見ないため、生活保護を受けているケースが多いと言われています。

どうして年老いた親の面倒を見ない大人が増えてしまったのでしょうか。生活保護費の急増は、平成十年頃から深刻化してきましたが、この間に何が起こったのでしょうか。平成に入ってから二十年以上も続いたデフレによって昭和五十年代生まれ以降の収入が激減したという経済的側面が一番の要因ですが、それだけではないと思います。

略年表　「家庭から神棚・仏壇はなぜなくなったのか」

《昭和》		
１７年		米政府、対日研究のため戦時情報局を設置
２０年	９月	米政府、占領政策開始
	１２月	占領軍、神道指令で政府から「神道」排除
		文部省、学校での「神道」教育中止を通知
２２年	３月	教育基本法制定、「宗教」教育を禁止
	５月	日本国憲法施行、政府からの「宗教」排除決定
	９月	西山夘三『これからの住まい』で三世代同居を否定
２３年	１月	民法改正で「家」制度廃止
	６月	衆参両院で「教育勅語」失効・排除決議
２６年		公営住宅法を制定し、公団住宅の建設開始
《平成》		
１３年		生活保護費が２兆円突破
１４年		神棚・仏壇のある家庭が50％に（第一生命調べ）
21年		生活保護費が３兆円を突破

家族・親子関係が変わってしまったこともあると思います。そのことを窺わせる興味深い調査結果があります。

第一生命経済研究所が平成十四年に全国の男女九百名を対象に行った調査によると、「子供時代に仏壇や神棚が家にあった」と回答した人は八二・九％にのぼるにもかかわらず、「平成十四年当時、家に神棚・仏壇がある」と回答した人は五〇・三％と落ち込んでいます。それに伴って「朝夕や命日などに、仏壇や神棚に手をあわせたり、お供えする」人の割合も、七五・二％から四二・九％へと、激減しています（「ライフデザインレポート」平成十五年六月号）。

明治・大正生まれが健在な家の大半には、神棚や仏壇があり、神仏やご先祖様に手を合わせる慣習が生きていました。

ところが戦後教育を受けた世代を親に持つ、

昭和四十年代以降に生まれた子供たちが社会人として独立した家を持つようになると、仏壇や神棚を置かず、神仏やご先祖様に手を合わせることもしなくなってきた、ということです。

そして家に神棚・仏壇がなくなったことと、年老いた親や兄弟の面倒を息子や娘、実の兄弟たちが見なくなったこととは密接な関係がある、このように思っています。

神仏敬う心の否定

日本人は古来神仏祖先を敬い、「神仏のご加護とご先祖様のお蔭で今の自分がある」という人生観を育んできました。言い換えれば、自分がこうして生きていけるのも神仏とご先祖様、親のお蔭だから報恩感謝の生き方をしなければならないと考えてきたわけです。

その基本哲学がわが国のモラルを支え、アジアで初めての近代国家を建設する原動力になった側面もあると思います。

真珠湾攻撃において建国以来、初めて外国軍から本格的な攻撃を受けたアメリカは、大変な衝撃を受けました。時のルーズヴェルト大統領は、再びアメリカに歯向ってこないように日本を弱体化させるため、昭和十七年六月に、スタッフ一万人を超える専門機関「戦時情報局」（ＯＷＩ）を設置し、日本研究を開始します。

そして昭和二十年八月、日本が戦争に敗北すると直ちにアメリカは、占領軍を派遣して日本の政治・教育・文化・社会制度を徹底的に改革（改悪）しようとしました。

その目的は「日本国が再び米国の脅威と…ならざることを確実にする」という米国務省「降伏後における米国の初期対日方針」にありました。

アメリカは当時、日本の強さの秘密は、天皇を中心とした強固な家族共同体にあり、その家族共同体を維持しているのが神道だと考えました。神仏祖先を敬う心をなくさせれば、家族はバラバラとなり、日本人はダメになっていくに違いないと考えたのです。

その証拠に占領軍は昭和二十年十二月十五日、国家神道・神社に対する政府の支援・弘布を禁じる「神道指令」を発しました。この指令では、神道や神社に対する公的な財政支援、学校での神道に関する教育、役所や学校等での神棚設置、公務員の神道儀式の参加などが禁止されました。

この神道指令を受けて文部省は十二月二十二日、伊勢神宮遥拝、学校引率の神社参拝を禁止する通知を出し、「神仏を敬うことは封建主義だ」という教育が学校で行われるようになりました。

その趣旨は昭和二十二年三月に施行された教育基本法に引き継がれ、神道・仏教は一切教えられなくなり、身近に存在する神社・仏閣のことも、家にある神棚・仏壇のことも一切タブー視する教育がまかり通ってきました。

この神道指令の趣旨は、昭和二十二年五月三日に施行された日本国憲法第二十条にも「国及びその機関は、宗教教育その他いかなる宗教的活動もしてはならない」として書き込まれ、神仏を敬うことはあたかも悪であるかのような風潮が戦後の日本を覆ってしまったのです。

否定されたのは、神仏を敬う心だけではありません。現行憲法の制定に伴い、昭和二十三年一月をもって家制度も廃止されました。

追い打ちをかけるように昭和二十三年六月、衆議院と参議院で相次いで「教育勅語の排除（失効）決議」が行われ、以後、「子は親に孝養をつくし、兄弟、姉妹は互いに力をあわせて助け合う」「私達の祖先が身をもって示し残した伝統的美風は否定されることになったのです。

それでも明治・大正生まれの世代は、神棚や仏壇に手を合わせ、神仏とご先祖様に感謝する生活習慣を守り続けましたが、社会全体の風潮も学校教育も、神仏祖先を敬う生き方を排除してきました。

神棚・仏壇なき公団住宅

残念なことに、こうした「神仏」排除の占領政策は、学校教育や家制度の解体だけにとどまりませんでした。

戦時中、米軍の空襲によって焼失した家屋は実に二百六十五万戸に上ります。海外からの引揚者の分も含めると、四百五十万戸の住宅が不足しました。そこで昭和二十六年に公営住宅法が制定され、２ＤＫを基本間取りとした５１Ｃ型という公営アパートが全国各地に建設されるようになりました。

この住宅政策に決定的な影響を与えたのが、当時京都大学助教授だった西山夘三氏が書いた『これからのすまい』と、浜口ミホ氏の『日本住宅の封建制』でした。

西山助教授は昭和二十二年九月に発刊した『これからのすまい』において、戦後の住宅難を解決するため、政府主導で「台所と部屋二つ」を基本とした耐火性のある高層集合住宅を大量に供給すべきと提案しました。

しかも集合住宅を大量に建設するに際しては、「親の家族内に跡取りの息子夫婦が同居するというくらし方を再吟味」して、三世代同居を否定し、核家族化を促すべきだと訴えたのです。戦前からマルクス主義を信奉していた西山助教授は、伝統的な家制度を敵視し、こう主張しています。

《封建的な家長的家族形態は家生活の伝統をつたえる教育的効果と、個別的家事経済に於ける家事労働の一応の合理的協同組織を伝統的にもっていたことは否めない。併しその故に我々はそれを将来も固執すべきものであると主張したり、或はこういう方法で生活の型を確立して行こうと考えたならば、それは明に誤まっている。

我々は年寄りの躾よりもむしろそうしたものを自分自身で作り出す能力のある自主性に富

んだ子女をつくり出す生活と環境を整備し、一方煩わしい家事労働を社会化し簡易化しなければならない》

つまり、三世代同居を否定し、核家族化を促すことを通じて、祖父母から子供や孫へ生活習慣や年中行事などの家風を継承できないようにしていく。そうすれば、祖父母の「封建的」な価値観に接する機会も少なくなり、子供たちは戦後民主主義イデオロギーに基づいて個人優先の人生観や生活スタイルを生み出していくようになる、と訴えたのです。

この西山助教授の提案を引継いだのが、日本初の女性建築家といわれた浜口ミホ氏です。彼女は昭和二十四年二月、『日本住宅の封建制』の中で、こう批判しています。

《「家」という観念を中心として、人間がその下で身をちぢめ、息をひそめて生きてきたのが、家父長制的な封建社会の生活であった。そしてその「家」の物体的表現が住宅であった。つまり住宅は住む人間自身のためというよりは「家」のためのものであった》

このように、家制度を否定した占領政策・憲法に乗じて両者は、戦後の住宅政策の方向性を次のように提示したのです。

①住宅の供給は民間に任せるのではなく、政府の責任で実施する。

②公営住宅は、一戸建ての木造の家ではなく、火災に強いコンクリート製の中層集合住宅（団地）とする。
③間取りは統一し、核家族化を促進するため、２ＤＫとする。
つまり、政府主導で「核家族化を促進するための住宅」を作ることを提唱したのです。

両者が唱えたこうした基本原則は、占領軍による「日本」否定の風潮の中で、当時の政府・建築家たちに強く支持され、「西山理論と浜口理論がバックボーンとなってやがて公団住宅の設計が実現する」（西川祐子・京都文教大学教授）のです。

全国各地で建設された公団住宅は、三世代同居は難しい狭さでしたが、ステンレスの流し台、衛生的な水洗便所、浴室、シリンダー錠という最新設備を備えた欧米風の間取りは５１Ｃ型モデルと呼ばれ、若者たちの憧れのライフ・スタイルとなり、戦後の住宅の代表的間取りとして定着していきます。

日本住宅公団が昭和三十年から昭和五十四年までに全国に建設した公団住宅は、実に百八万戸。それ以外にも、地方自治体が独自に県営住宅、市営住宅を大量に建設し、民間建設会社もまた人気のあった５１Ｃ型を標準設計とするアパート、マンションを次々と建設していきました。

戦後の深刻な住宅難を解決していく上で公団住宅が果たした役割を評価しつつも、この５１Ｃ型モデルの問題点を指摘せざるを得ません。

なぜならこの51C型は、西山氏や浜口氏が指摘したように、戦前からの価値観継承を断ち切るために三世代同居を否定し、強制的に核家族化を促す意図があったからであり、実際に核家族化が急速に進むことになりました。親子の断絶、世代の断絶は、自然に生まれたのではありません。意図的に作り出されたのです（親子の断絶が社会問題になったことを受けて住宅公団は昭和四十七年になってようやく三世代同居が可能となる複合家族用住宅の供給を始めています）。

しかも公団住宅は国や地方自治体による政策であったことから憲法の政教分離条項の適用を受け、神棚・仏壇の場所を確保しませんでした。

民間の一戸建て住宅であれば、大工さんと相談しながら、床の間のある座敷を設け、神棚・仏壇をまつるのが普通でした。同居する戦前派の親たちが、神棚・仏壇を要望したからです。しかし戦後の神道排除教育を受け、祖父母とも同居していない若夫婦が、欧米風の２ＤＫに、わざわざ神棚や仏壇をまつるはずもありませんでした。

「家」制度がなくなった戦後において、明治・大正生まれの親たちが、別居している若夫婦に神棚・仏壇をまつるよう求めることも困難でした。神道指令と憲法の政教分離の影響で、隣近所の人々も、神棚をまつるよう勧めることは何となく憚られましたし、町内会を通じて地元の神社のお札を頒布することも神道指令で禁じられていました。

かくして戦後教育を受けた世代が親となる昭和四十年代後半頃から、公団住宅に住む核家族を中心に、神棚・仏壇なき家庭が急速に増えていくことになったのです。

それまで一般的な家庭ならば、ことあるたびに神棚や仏壇に手を合わせ、神仏やご先祖様に感謝するという生活習慣をもっていました。そしてご先祖様に日々手を合わせる親たちの後姿を見て、子供たちも自然と「自分の人生は、ご先祖様から預かったものである。自分もご先祖様に恥じない立派な生き方をしなければ」という人生観を育んできました。

こうした人生観は戦後教育の中で否定され、祖孫一体の永続生命体であった家族は、祖父母と切り離され、敬神崇祖の場も持たないまま、「食べて寝るだけの単なる共同生活の場」へと劣化し、「家庭の教育力」も低下していきました。食べて寝るだけの生活空間に、子供たちの人生観を高める力があるはずがないからです。神棚・仏壇に手を合わせる後姿を親が示さないで、どうして子供たちを感化できるでしょうか。

日本人の魂は変っていない

かくして神棚・仏壇なき家庭で育った子供たちがいまや成人し、冒頭にも紹介したような、年老いた親や兄弟の面倒を見ない恩知らずな大人たちとなったわけです。

しかし、まだ間に合うと思います。

家に神棚・仏壇はなくても、学校教育で神仏の大切さを教えられなくても国民の大半は今なお、初詣に行き、七五三のお参りを欠かしません。神仏への祈りが重要なことは感覚的に解っています。占領政策は、日本人の魂まで変えてはいないのです。

とするならば、大事なことは、神仏祖先を敬うことの重要性を理解している私たちが、子育てに悩む親たちに「子供たちをまっとうに育てたいと願うならば、神棚・仏壇をまつって親自身が毎日、神仏とご先祖様に祈りを捧げるべきだ」と、アドバイスをする勇気を持つことではないでしょうか。

家庭に祈りの場を持つこと、すなわち神棚・仏壇の普及こそが、子供をまっとうに育て、立派な家庭を築き、ひいては日本を再建する柱なのです。

二、占領政策がもたらした「神社・仏閣なき共同体」

平成二十二年にＮＨＫが「無縁社会」という特集を組みました。誰からも看取られることなく、アパートやマンションの一室で死亡する人が急増している現実を描いたものでした。独居老人が多い公団住宅では、平成十八年度の一年間だけで実に五百十七人が孤独死をしています。

「向こう三軒両隣」という地域共同体が機能していれば、普段から声を掛け合い、姿を見かけなくなったら近所の人が心配して訪ねてくるでしょうが、近年「隣は何をする人ぞ」という傾向が強くなり、孤立する人が増えてしまっているのです。

孤独死と共に深刻なのが、自死者の急増です。その数がここ十数年、毎年三万人を超えていますが、特に痛ましいのが、二十代・三十代の死因のトップが自死だということです。身近に相談相手になってくれる人が少なくなっていることがその一因だと言われています。

ＯＥＣＤ（経済協力開発機構）が公表した先進二十カ国を対象とした「社会的孤立の状況」（二〇〇五年版）という調査報告を見ても、日本の社会的孤立の状況は突出しています（１８９頁図表参照）。

なぜ人びとは社会の中で孤立するようになったのでしょうか。

専門家は、その原因として産業構造の変化や都市化など社会の変容や個人主義といった価値観の変化などを指摘しますが、占領軍による占領政策の影響を指摘する人が殆んどいないことは奇妙でなりません。

神道指令で否定された「神社を中心とした地域共同体」

いまから七十三年前の昭和二十年から約七年間、日本を占領した占領軍は、「日本国が再び米国の脅威と…ならざることを確実にする」（米国務省「降伏後における米国の初期対日方針」）ため、徹底した日本弱体化政策を強制しました。米国政府は、日本を弱体化しない限り、アジアの平和は維持できないと考えていたのです。

当時の米国は、日本の強さの秘密は天皇を中心とした強固な家族共同体にあり、その家族共同体を維持しているのが「国家神道」だと考えていました。

だからこそ占領軍は昭和二十年十二月十五日、国家神道・神社に対する政府の支援・弘布を禁じる「神道指令」を発しました。

この神道指令を受けて文部省は十二月二十二日、文部次官通牒を発し、伊勢神宮遥拝、学校引率の神社参拝を禁止しました。

「家族以外の人」と交流のない人の割合（国際比較）

○　日本では「友人、同僚、その他の人」との交流が「全くない」あるいは「ほとんどない」と回答した人の割合が15.3%おり、ＯＥＣＤの加盟国20か国中最も高い割合となっている。

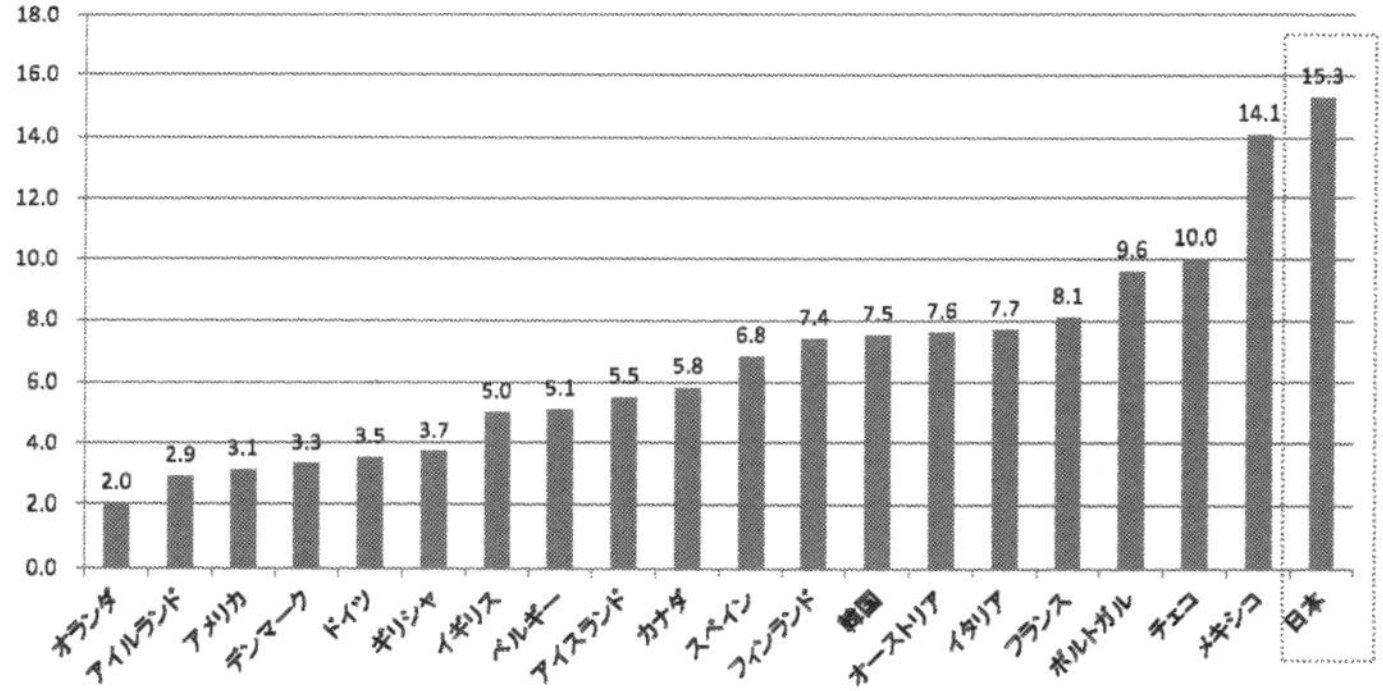

（注）友人、職場の同僚、その他社会団体の人々（協会、スポーツクラブ、カルチャークラブなど）との交流が、「全くない」あるいは「ほとんどない」との交流が、「全くない」あるいは「ほとんどない」と回答した人の割合（合計）

（出典）OECD,Society at Glance:2005 edition,2005,p8

5

その趣旨は昭和二十二年三月に施行された教育基本法において引き継がれ、その後、学校教育において神道・仏教は一切教えられなくなり、神棚・仏壇のこともタブー視する教育がまかり通ってきました。その関連で、占領軍が先祖崇拝の拠点としての「家」制度を否定し、神棚・仏壇なき核家族が増加させられたことは、すでに述べましたので繰り返しません。

問題は、占領政策の狙いが「家」制度の解体だけではなかった、ということです。占領政策、特に神道指令は、神社を中心とした地域共同体の破壊を目論んでいました。

占領軍は昭和二十一年十一月六日、「神社や祭社其の他神道の諸活動を支持するために資金を集めたりお守りやお札を配ったりするために善隣組合（町内会、部落会、隣組）がひきつづき利用され」ているのは神道指令違反なので、この事態を是正するよう日本政府に指示しました。

この指示を受けて日本政府は十一月十六日、地方長官宛に「町内会、隣組等による神道の後援及び支持の禁止について」と題する通牒を出し、おおよそ次の四つを指示しました。

①神社や祭礼その他神道の諸活動を支持するために資金を集めたり、お守りやお札を配ったりするために町内会、部落会、隣組等を利用することは神道指令違反なので、取り締まること。

②地元のさまざまな祝祭行事を行う場合は、いかなる場合でも神社の祭祀と切り離すこと。

③町内会等の有力な役職員が神社の総代や世話役に就任しないこと。

④氏子区域による氏子組織を改め、崇敬者だけによる組織に変革するよう勧奨すること。

要するに地域の行事や町内会活動から神社を排除せよ、と命じたのです。ここでは、神社のことだけ触れていますが、この指示は、仏教のお寺にも準用されました。

憲法の政教分離条項の問題点

戦前までの地域共同体は言うまでもなく、その中心に神社・仏閣がありました。その年の豊作・豊漁を祈る行事から、盆踊り、そして実りに感謝する秋祭りまで一年のサイクルを通じて、人々は、天地の恵みと神々・先祖への感謝という宗教的情操を自らの内に育み、神仏を中心として精神的結束を固めてきました。子供たちにとっても境内は絶好の遊び場であり、お祭は強烈な印象とともにその人生に刻まれることになりました。

政治的にもまた重要でした。地元の揉め事の解決からお祝い事まで地元のあらゆる問題は、寺社で開催される寄り合いにおいて話し合われました。

寺社は精神的支柱であると共に、地元のさまざまな課題を解決する情報センター、行政拠点の役割も果していました。

神道指令に始まる一連の占領政策は、寺社が果してきたこれら社会的機能を否定しようとしたのです。

公的機関、地域社会と寺社との関係を徹底して断ち切ろうという神道指令の趣旨は、昭和二十二年五月三日に施行された日本国憲法にも次のように書き込まれました。

《第二十条　3　国及びその機関は、宗教教育その他いかなる宗教的活動もしてはならない。

第八十九条　公金その他の公の財産は、宗教上の組織若しくは団体の使用、便益若しくは

維持のため、又は公の支配に属しない慈善、教育若しくは博愛の事業に対し、これを支出し、又はその利用に供してはならない》

そして、この「寺社」排除の占領政策が、地域社会の結束を弱めただけでなく、政府（日本住宅公団）主導の街づくり計画を大きく歪めることになりました。

寺社なきニュータウン

昭和三十年に発足した日本住宅公団は全国に高層集合住宅を建設すると同時に、大規模かつ計画的な宅地開発を進め、都市の郊外に大規模団地を造っていきます。その手始めが、昭和三十二年に千葉県柏市に完成した光が丘団地でした。

約千戸の集合住宅が農地の中に突然生まれることになったため、付近には、鉄道の駅も小学校も医療施設もありませんでした。そこで住宅公団は、町としての機能を持たせるべく、公園、保育所、小学校、市役所出張所、郵便局、診療所、店舗、銀行といった施設を同時に整備していきました。

その後もこの方式で多摩平、桜堤、ひばりが丘、新所沢などで大規模団地（昭和三十八年以降はニュータウン）が相次いで誕生していきましたが、この街づくり計画でも大きな問題が生まれました。

住宅公団が各地で作った大規模団地は、憲法の政教分離条項の制約があって、「神社・仏閣なきニュータウン」となったからです。

地元の神社やお寺による年中行事があれば、その準備や実施を通じて地元住民同士も顔見知りになれますが、ニュータウンにはそれがありませんでした。古くからの地域共同体ならば、揉め事などを収めてくれる顔役がいますが、新興住宅地には、そのような人もいませんでした。

そのため新参者たちによるベッドタウンと化したニュータウンの多くは、住民同士が親密な関係を築くこともできずに、犯罪の増加、ゴミ処理などの近隣トラブルに苦しむことになったのです。

地域の問題を地域で話し合い、解決できるようにするためには、親密な地域共同体を構築しなければならない。このような問題意識から自治省（現総務省）は昭和四十五年、「コミュニティ（近隣社会）に関する対策要綱」を定め、「このままでは、住民は近隣社会の関心を失い、孤立化し、地域的な連帯感に支えられた人間らしい近隣社会を営む基盤も失われる恐れがある」として、「基礎的な地域社会をつくるため、新しいコミュニティづくりに資するための施策を進める」よう各都道府県に通知を出しました。

この通知を受けて全国の地方自治体はなんと市民会館などハコモノの整備を始めたのです

（昭和四十七年に発刊された、田中角栄の『日本列島改造論』の影響があると思われます）。住民が集まるハコモノをつくれば、地域的な連帯を生み出せるかも知れないという、苦肉の策でした。

寺社の可能性

しかし、ハコモノをいくら作っても、地域共同体は生まれません。

それから十二年後の昭和五十七年、全国の地方自治体の都市計画課、企画課などの協力を得て日本都市学会会長の磯村英一東洋大学学長らが『人間都市への復権』（ぎょうせい）という報告書を出しました。そこには、実に興味深い発言が見られます。

たとえば、日本生活学会理事長で建築評論家の川添登氏は「人間都市――その基本的視点」という座談会の中でこう指摘しています。


《地方の時代、文化の時代ということでさわがれていますが、では地域の人びとがみんなで楽しむ文化があるかというと、どこの都市も祭りしか思い浮かばなかった。（中略）ですから、祭りというのは、（中略）パブリックなものを一時的に演出したものとして、評価しなくちゃいけない。現在の場合でもお祭りを行うことによって初めて町会、特に商店街の団結などがあり得るわけですね》

人々の孤立を防ぎ、地域共同体をまとめていく力はどうしたら生まれるのか、全国で試行錯誤が重ねられましたが、結果的には「お祭り」だけが地域の団結を生み出すことに成功していると述懐しているわけです。

同じ報告書の中で加藤晃規・大阪大学環境工学科助手は、こう述べています。

《そもそも神社は集会、コミュニケーションのうえで歴史上重要な役割を果たしてきている。中世の惣村では、寺社の境内地が宮座の集会場所であり、村の最高議決をおこなう権威ある場所であった。同時に年中行事化した祭礼などの神事の場所であり、それらの神事と結びついた各種芸能のとりおこなわれる場所として村民のレクリエーションの中心であった》

そして、寺社の歴史的役割を振り返った上で、こう提案しています。

《神社の境内地は、都市化の進むなかで積極的に樹林を残してきたとされる代表である。戦後は、憲法の改正に伴い、神社組織が宗教法人化したし、区画整理や神社周辺の市街化による境内地の形状変更がみられるものも多いが、それでも、もっとも変容の少ない都市空間として境内地は存続してきたといえる。(中略) そこで、こうした中小の神社境内地の景観を

整備しながら、そこに新しい都市広場の機能を与えることができないであろうか》

いかにして地域社会をまとめる力を回復していくかという問題意識の中で、お祭や神社の機能に改めて目を向けるようになったのです。

寺社とともに歩む地域が増えれば、明るく仲良いまちづくりが進んでいく可能性が高まることになるのです。

地方自治体が評価する寺社の社会的機能

残念ながら、その後も現行憲法二十条の政教分離条項の影響で、神社・仏閣を中心とした街づくりは進んでいませんが、神社や仏閣の社会的機能を重視する傾向は強まってきています。

千葉大学の広井良典教授は平成十九年五月、全国の市町村一千百十の自治体に、地域共同体のあり方に関するアンケート調査を送付し、六百三自治体から回答を得ました。

「地域における拠点的な意味を持ち、人々が気軽に集まり、そこでさまざまなコミュニケーションや交流が生まれる場所」として「特に重要な場所は何か」という質問に対して、「学校（小中学校）」、「福祉・医療関連施設」、「自然関係（公園、農園、川べりなど）」、「商店街」と並んで「神社・お寺」をあげる自治体が多数を占めたのです（三菱総合研究所発行『自治体チャンネル』平成二十年七月号）。

しかも五万人未満の小規模の町村では「寺社」を重視する率が、大規模都市よりも更に高くなっています。

この調査結果を受けて広井教授はこう解説しています。

《全国にあるお寺の数は約八万六千、神社の数は約八万一千であり、これは平均して中学校区（約一万）にそれぞれ八つずつという大変大きな数である。考えてみれば、祭りやさまざまな年中行事からもわかるように、昔の日本では、地域や共同体の中心に神社やお寺があった。（中略）こうしたコミュニティにおける拠点的な場所を再構築していくことは、コミュニティ再生の一つの重要な柱をなすと思われる》

戦後、神道指令と憲法、そして都市政策において否定されてきた「地域共同体をまとめていく寺社の力（機能）」を、多くの地方自治体が自覚しているのです。

現に中越地震の後、限界集落と呼ばれた山古志村は、復興のシンボルとして神社の再建に取り組みましたし、東日本大震災の後、地元の寺社の再建やお祭りの復活を復興のシンボルとしている市町村が多数存在しています。

小さな政府を支える「創造的な社会」

こうした傾向は、アメリカでも顕著になっています。

アメリカではベトナム戦争前後から、道徳的規範が崩れ、社会が荒廃していく中、「貧民救済や子育て、老人介護などを（家族や地域ではなく）政府が担っていくべきだ」との考え方から、政府・地方自治体が社会保障を一手に引き受けるようになっていきます。

この社会主義的な政策は一九七〇年代後半、民主党のジョンソン大統領のもとで「偉大な社会」政策と呼ばれました。

しかし、福祉に依存する人が増えると、社会保障費が国の財政を逼迫するようになっていきました。国民は働かなくなり、対外輸出は急減する一方で福祉の予算が増加し、貿易赤字と財政赤字という双子の赤字にアメリカは苦しむようになっていきます。かくしてアメリカの没落が囁かれる中、登場したのが共和党のレーガン大統領でした。

レーガン政権は、小さな政府を唱えました。日本では、小さな政府とは官僚の数を減らすことだと受け止められていますが、レーガン政権が唱えた小さな政府とは、老人介護や子育て支援を民間（ボランティア団体や教会）が担うようにしようというものでした。このレーガン政権の社会政策は「自分たちの手で自分の地域を良くしていく」という意味合いをこめて

「創造的社会」政策と呼ばれました。

生活保護費が三兆七千億円を超え、社会保障に依存する傾向が強まっているわが国も、神社・仏閣を中心とした親密な地域共同体を再建し、お年寄りの世話や子育て相談、防犯活動などを地域共同体で担うことができるように、社会政策を大きく転換すべきだと思います。

地域に根ざした寺社の活動にもっと注目したいものです。

三、サッチャー首相の「志」教育復権論

安倍晋三首相は平成十八年に『美しい国へ』という本を出していますが、その中で日本の教育改革のモデルとして、イギリスのサッチャーの教育改革を取り上げています。

実はこのサッチャーの教育改革の研究のため平成十六年十月、下村博文衆議院議員や山谷えり子参議院議員らとイギリスに行ったことがあります。

わが国では、「従軍慰安婦」とか「南京大虐殺」とかを強調し、日本がいかに悪い国なのかを教え込む自虐的な教育が行われていますが、イギリスでも同じようにひどい歴史教育が行われていました。そのことを知ったのは平成十二年、イギリスの歴史教科書を手に入れたことがきっかけでした。

一九八〇年代、ロンドンの中学校で広く使われていた中学生向けの歴史教科書（正確に言えば副読本）で、「*How racism came to Britain*（如何にして人種差別がイギリスにやってきたのか）」という本があります。「アジア・アフリカを略奪してきたイギリスの国土はアジア・アフリカの人々の骨で出来ているんだ」とか、「イギリスがアフリカの黒人を奴隷として売り飛ばした」とか、「そもそもイギリスは地球を食い散らかした豚なんだ」という煽動的なイラストが載っています。

いろいろと調べたところ、イギリスも自虐的な歴史教育だけではなく、いじめや校内暴力、学力低下といった日本と全く同じ悩みを抱えていることが判ってきました。

しかもサッチャー首相はこの自虐的な歴史教育の是正を含む教育改革に取り組んでいたのです。

学力低下と経済の衰退

世界中に植民地を持ち、世界に君臨していたイギリスでしたが、第二次世界大戦を契機にインドやミャンマー、マレーシアといった海外植民地を失い、没落を始めます。

アジア・アフリカの植民地が次々と独立していく中、一九五六年十月、エジプトでスエズ運河紛争が起こります。交通の要衝たるスエズ運河を支配しているイギリスに対して、エジプト政府が「運河の管理権を渡せ」と言って軍事行動を起こしたのです。

イギリスはすぐに派兵しましたが、アメリカから反対されて撤兵し、スエズ運河の権益を失ってしまいます。

竹島を韓国に取られて泣き寝入りする日本と同じ構図です。「イギリスはもはや自分の領土を自分で守る力も無い国だ」というレッテルを貼られてしまい、イギリス国民も自信を喪失していきます。

自分の国を自分で守る自信を失うと、自国の伝統的価値観に対しても自信を失うのでしょうか、一九六七年、イギリスの教育省（日本の文部科学省）は「児童中心主義」という教育理論を推奨するようになります。

児童を中心とする主義と聞けば、何やら良い理論だと思いがちですが、これは要するに「子供に勉強を強制したり、規範意識を教えたりすることは子供の個性や自主性を損なうことなので、できるだけすべきではない」という考え方です。

この児童中心主義に基づいて先生たちは、勉強を強制しなくなったばかりか、道徳を教えず、子供たちが悪いことをしても注意をしなくなったものですから、学校は急激に荒廃していったのです。

このような学校現場の実態を告発したのが、『教育黒書』です。一九六九年から一九七七年まで五回発行されたこの『教育黒書』を読むと、今の日本と驚くほど似ています。

まず学力低下です。

《原子力発電所の職員になるため試験を受けている二百五十名の中学校を卒業した男子の数名は、自分の名字が正確に書けない。ほとんどの男子は「secondly」のスペルが書けない。半分以上の男子が分数の三を表すことが出来ない。テストは二十の質問があり、最も簡単なものは三足す二で、最も難しいのは三掛ける三だった。二百五十人中、たった一人だけが全

て正解で、約六十％が半分以上不正解だった》

「教え込みはいけない。子供が勉強する気になるのを待たなければいけない」と言って、やる気になるのを待ったが、結局、子供たちは勉強する気にならないまま中学を卒業してしまったわけです。原子力発電所の職員が掛け算もできないとはいくらなんでもひどすぎます。イギリスが経済的に没落したのも当然だと思います。

しかし、日本も同じような状況になりつつあるのです。

平成十七年の秋、徳島の町会議員にイギリスの教育荒廃の話をしたところ、「近年、ゆとり教育と称して登校拒否になった子供は無理やり来させなくていいことになっているだろう。その結果、学校に行きたくないという不良生徒が増えている」というのです。

高校などに進学せず、ぶらぶらしている不良たちに仕事を見つけてやらなければと思って、その議員は自分が身元引受人になってある工場に就職させた。そうしたら、その不良少年たちは掛け算も出来ない。工場で旋盤を使うとき、数字のデータを入れなければいけないのに、それが出来ない。その町会議員が「いくら不良と言っても掛け算も出来ないような子供を卒業させるのはおかしいんじゃないか」と怒っていました。

関東のある公立中学では、一クラス四十二名のうち、登校拒否が七名もいるそうです。ほとんど来ない生徒が三人くらいで、残りの四人はたまに昼食時に顔を出す程度です。

では、なぜ登校拒否になったのか。ある子は「テレビゲームで忙しくて学校に来るのが面倒くさい」と言ったそうです。それで学校の先生はどういう指導しているのか、聞いたところ、先生は「子供の自主性を尊重しています」と答えたそうです。

児童中心主義教育の悪影響は、日本でも深刻になってきているのです。

ちなみにサッチャー首相はこの児童中心主義教育を否定し、子供たちに一定の学力を身に付けさせるため、全国学力テストを実施し、その結果を学校ごとに公開し、一定の成績をとれなかった学校に対しては改善命令を出すような仕組みを構築しました。

過激な性教育

平成十七年頃から、日本でも過激な性教育が問題になっていますが、イギリスでも同じ問題がありました。『教育黒書』には次のような記事があります。

《幼稚園の目的は、幼児に権威に対する健全な軽蔑心を植え付けることである。教師は「鼻をぬぐえ」とか「部屋から出て行け」とか「静かにしろ」とかいう命令を差し控える。そのような命令は、子供の自発性を潰し、国家の臆病で従順な下僕にしてしまうという理由からだ。

もう一つの特徴は、セックスを体験したい子なら誰でも参加できる「愛の部屋」である。少年が望めば、少女を彼女の家へエスコートし、彼女と一晩中いっしょに寝ることができるのだ。（一九六九年四月、イブニング・スタンダード紙）》

「これはひどい」と思う方がほとんどでしょうが、いまの日本もひどいのです。

平成十七年に、自民党が「過激な性教育・ジェンダーフリー教育実態調査プロジェクト」を設置し、調査をしたところ、「性的な自立を図る」と称して、小学校四年生にセックスの仕方を教えたり、「お父さん、お母さんに週何回ぐらいやっているのかを聞きなさい」と教えたりする学校がありました。

学校だけではありません。小学生高学年のお子さんが居られる方はわが子がどんな漫画を読んでいるのかを自宅でチェックして下さい。小学校高学年のティーン向けの漫画雑誌なんて、セックス描写で溢れています。中学生向けのファッション雑誌を見て下さい。「中学生で初体験、当たり前」みたいな記事が堂々と載っていて、「援助交際」という名の売春を仲介するインターネットの広告が満載です。

そうやって子供たちにセックスへの興味を煽り立てながら、その一方で大学では、ドメスティック・バイオレンス（身近な人による暴力）防止法の勉強をさせられています。

あるとき、有名私立大学の学生が「江崎さん、こんな講義が行われたんですよ」と言って講義のレジュメを持ってきてくれました。読んでみると、「しつこくデートに誘うのはドメスティック・バイオレンスです。だからデートにしつこく誘うことはやめましょう」、「女の子が嫌だって顔をしたらそれ以上何もしてはいけません」などと書いてありました。

しかし女の子が喜んでデートに応じてくれるとは限りません。普通の学生がそんな話をまともに聞いていたら、女の子をデートにも誘えません。

ともあれ、真面目な男の子は女の子をデートにも誘えず、アニメの世界に現実逃避する一方で、不良男子は遊び回っている。かくして「結婚できない男」と、「女の子と遊んでは責任をとらない、ふしだらな男」が増えていくわけです。

犯罪者予備軍

イギリスの教育荒廃の話に戻ります。『教育黒書』には、こうも書いてあります。

《昨日、ロンドンの教師グループが生徒による虐待や攻撃から教師を保護する国家政策を要請した。

教師たちは絶えず起こる生徒の悪行や校則違反、教師への挑戦、あからさまな反抗的態度、遅刻、ズル休み、書物の損傷、窃盗等に対応しなければならない》

要するに校内暴力が増えているという話ですが、わが国も平成二十三年、中学校の四二％で校内暴力が発生しています。高校では五四％で校内暴力が発生しています。これに対して先生は何が出来るのか？　ほとんど何も出来ないのです。

校内暴力を振るうような中学生に対しても「他の生徒の迷惑だから、教室から出ろ」とか「廊下に立っておけ」と言えないのです。何故だと思いますか。「授業を受ける生徒の権利を侵害した」と、人権委員会から告発される恐れがあるからです。

小学校でもそうです。小学校で立ち歩きをしたり、騒いだりしている子に「静かにしなさい」と注意して静かになりますか。親の言うことを聞かないような子供が学校に行って先生の言うことを聞くわけがありません。そういう子供たちが教室で騒いでいるわけです。

しかし、廊下に立たせたら人権侵害として非難されます。先生たちはどうしたらいいのでしょうか。小学生ならば、かろうじて大人の権威で言うことを聞かせることができますが、中学生や高校生には通用しません。

ちなみに校内暴力を含め、したい放題している子供は将来どうなっていくと思いますか？いま日本の犯罪者の四割は青少年です。学校でしたい放題しても、先生から注意するだけで許される。そうやって社会や大人をなめてかかる子供たちが学校の外に出てもしたい放題して、犯罪者になっていくわけです。

愛国心教育

では、どうしたらいいのでしょうか。

一九八〇年、サッチャー首相はまず『教育黒書』運動をしていたメンバーを自分のスタッフに登用して、現場の実態を父兄たちに伝える運動を展開しました。深刻な教育荒廃の実態を国民に伝えることで、抜本的な教育改革が必要なことを、国民に理解して貰おうとしたのです。

学校現場の問題を隠蔽せず、広く情報公開する仕組みを整えることが教育改革の第一歩です。

そのような観点から、日本でも大津のいじめ自殺事件を受け、いじめがあった場合、それを隠さず公表することを学校や教育委員会に義務づける「いじめ防止対策推進法」が平成二十五年に成立しました。

ただし、サッチャー首相の凄いところは、制度改革に終わらなかったことです。「なぜ子供たちの学力は低下したのか。なぜ子供たちは校内暴力や性非行に走るのか」を徹底して調査・研究をして、教育荒廃の根本は「子供たちに、人生の目的を考えさせる教育をしていないことだ」と考えたのです。

サッチャーは保守党の党首になった一九七五年、こう訴えています。

《目的も生きがいも持たずにただ空気を吸い、食べて生きているだけでは偉大な社会とは言えません。かつてのイギリス人がそのように無気力であったなら、あの偉大な英連邦は出来なかったでしょう》

「勉強する目的、人生の生きがい」、つまりイギリス国民としての「誇り」と、国家を担う「志」を子供たちに考えさせる教育を再建することが重要である、と考えたのです。

わがイギリスはいかに偉大な国なのか。イギリスはどれほど素晴らしい国で、この国を担うということがどれほど大事なことなのか。人生の価値はただ食って寝るためだけではない。素晴らしいこのイギリスを更に繁栄させ、世界を良くしていく。そういう大きな志を子供たちに伝えるためにも、まず親や教師が、社会全体が、愛国心と志を取り戻そう。そういう「誇り」と「志」の復権を訴えながら、サッチャーは教育改革を推進したのです。

日本でもこのサッチャーの教育改革を念頭に平成十八年に全面改正された教育基本法では、国を愛する心を伝えることが教育の目標に掲げられました。

世界に誇る伝統と文化、そしてアジアの独立と安定のために奮闘した素晴らしい歴史を有する日本がいかに偉大な国であり、この日本を担うことが日本にとっても世界にとってもいかに重要なことなのか。先人たちから受け継いだ生命をただ食べて寝るだけで浪費していいのか。素晴らしい日本を更に発展させ、世界をよりよくしていくために頑張ろうではないか――。

そんな日本人としての「志」を育む「愛国心教育」を確立していくことこそ教育改革の最大の焦点なのです。

四、特攻隊員の遺書と国家の命運

永田町で仕事をしていると、さまざまな抗議活動を目にします。

平成二十六年の夏は集団的自衛権の解釈変更に反対し、「日本を、戦争をする国にするな」「止めよう、戦争への道」といったプラカードを掲げた抗議活動が連日のように繰り広げられていました。

印象的だったのは、そうした抗議デモを、国会議員の秘書や報道関係者たちが冷ややかに眺めている姿です。

一部のマスコミは、「集団的自衛権が行使できるようになると日本は戦争に巻き込まれる」と訴えていましたが、国会にも議員会館にもそうした危機感は全くありませんでした。特に土日は国会が休みであるためか、議員会館には人影がほとんどありません。国家の中枢である国会や議員会館がこんなに静かでいいのだろうかと思うほどです。

国会議員の秘書と話をしていても、驚くべきことに、ほとんどの人が目の前の仕事に追われ、国際情勢に対してあまり関心がありません。外交や安全保障は、政府・外務省の仕事であって自分には関係ない、と思っているようなのです。左翼の抗議活動に同調する気はありませんが、国政に最も近いところで仕事をしている人達でさえ国際情勢に関心が薄い現状は、見方によっては、実に恐ろしいと思います。

中国が連日のように尖閣諸島周辺に軍艦や戦闘機を派遣し、核兵器の開発を進める北朝鮮も日本海に向けてミサイルを発射し、実験を繰り返しています。日本は、中国や北朝鮮から既に軍事的挑発を仕掛けられているのです。このまま行けば、いずれ戦争です。

だからこそ、安倍政権は集団的自衛権の解釈を変更して日米同盟を強化し、中国や北朝鮮から攻撃をされないよう抑止力を高めています。しかし、そのような安倍政権の危機感が、永田町でさえも十分に共有されているとは思えません。

この緊張感のなさの要因は、①緊迫化する国際情勢についてよく知らない、②何もしなくてもこの平和がいつまでも続くはずという平和ボケ、③「日本という国家があってこそ自分たちの人生も安泰だ」という国家観の欠落、だと思います。

永田町の人達でさえ、その多くが「日本という国家の命運と自分の人生は関係がない」と思っているようなのです。

しかし、国家の命運は、個々人の人生を大きく左右する力を持っています。私達は、日本という名の一隻の船に乗り合わせた運命共同体の一員であり、船がどちらに進むかで、船に乗っている国民一人ひとりの人生も大きく変わるのです。

私も高校生までは、国家なんてどうでもよいと思っていましたし、国家の命運と自己の人生とは何も関係がないと思い込んでいました。

そんな私が「国家の命運が国民の人生を大きく左右する」という厳しい現実を実感したのは、大東亜戦争で亡くなられた戦歿者（英霊）の遺書を読んだからです。

「苛酷な運命」

戦前、海軍兵学校があった広島県の江田島に、特攻隊の遺書などを集めた教育参考館という施設があります。この初代館長を務めたのが、岡村清三先生で、昭和十八年に学徒出陣で出征し、戦後、特攻隊の遺族を回って遺書・遺品を集めた方です。

私が初めて岡村先生の講演をうかがったのは、平成六年でした。その時の衝撃は今も忘れません。最も印象に残ったのは、植村真久さんの遺書でした。

植村さんは一人息子で、戦死をしてしまうと、家系が途絶えてしまうことを心配したお母さんから「頼むから結婚してくれ」と言われたので結婚しました。やがて女の子が生まれ、「素子《もとこ》」と名付けました。そして、特攻隊員として死んでいく前の晩に、二十五歳だった植村さんは、その赤ちゃんに「遺書」を書いたのです。

できれば、声を出して読んでみて下さい。

《素子　素子は私の顔をよく見て笑ひましたよ。私の腕の中で眠りもしたし、またお風呂に入つたこともありました。素子が大きくなつて私のことが知りたいときは、お前の母さん、佳世子伯母様に私のことをよくお聴きなさい。私の写真帳もお前のために家に残してあります。

素子といふ名前は私がつけたのです。素直な、心の優しい、思ひやりの深い人になるやうにと思つて、お父さまが考へたのです。

私はお前が大きくなつて、立派な花嫁さんになつて仕合せになつたのを見届けたいのですが、若しお前に私を見知らぬまま（私が）死んでしまつても、決して悲しんではなりません。お前が大きくなつて、父に会ひたいときは、九段（靖国神社）へいらつしやい。そして心に深く念ずれば、必ずお父様のお顔がお前の心の中に浮かびますよ。

父はお前は幸福ものと思ひます。生まれながらにして父に生きうつしだし、他の人々も素子ちやんを見ると、真久さんに会つてゐる様な気がすると良く申されてゐた。

またお前の伯父様、伯母様は、お前を唯一つの希望にしてお前を可愛がつて下さるし、お母さんも亦、御自分の全生涯をかけて只々素子の幸福をのみ念じて生き抜いて下さるのです。必ず私に万一の事があつても親なし児などと思つてはなりません。父は常に素子の身辺を護つて居ります。優しくて人に可愛がられる人になつて下さい。お前が大きくなつて私の事を考へ始めた時に、この便りを読んで貰ひなさい。

追伸　素子が生れた時おもちやにしてゐた人形は、お父様が頂いて自分の飛行機にお守り

にして居ります。だから素子はお父さんと一緒にゐたわけです。素子が知らずにゐると困りますから教へて上げます》

自国が戦争を始めれば、本人の意思とは無関係に若い男性は可愛いわが子と妻を置いて戦わなければならないのが戦争なのです。二十五歳の植村さんにのしかかった、運命の苛酷さを思わずにはおれません。

戦争は、日本を放棄していない

問題は、植村さんにのし掛かってきた苛酷な運命が、今の私達にも降りかかってくる可能性があるということです。

「憲法九条を守っていれば、日本は戦争をしないでも済む」と主張する人がいますが、それは、国際法から見ても明らかに間違いです。

国際法によれば、たとえば北朝鮮が「今からわが国は日本と戦争をする」と宣言し、攻撃を開始したら、日本が「戦争をしたくない」と主張しても、北朝鮮と日本は戦争当事国となったと見なされます。戦争をしたくないと主張しても、戦争を仕掛けられたら戦争せざるを得ないというのが国際ルールなのです。

しかも国際ルールでは、戦争が始まった時点で、戦争当事国の私達が住んでいる街も、相手国の攻撃対象となります。

よって戦争を仕掛けられないようにするしかないのですが、世界には、戦争を一方的に仕掛ける国がたくさん存在します。中国がその代表例で、戦争を仕掛けられてもいないのに、チベットやウイグルを攻撃して併合したほか、台湾やベトナムを攻撃するなど極めて「好戦的な国家」です。

この中国が今や尖閣諸島問題を理由に、日本に対して軍艦や戦闘機を日本の領域に送って挑発しています。このため欧米のシンクタンクの多くは近い将来、南シナ海と東シナ海で中国と日本、台湾、ベトナムなどとの間で戦争が起こる可能性が高い、と指摘しています。

安全なところに逃げるにしても、戦争当事国になった時点で外国行きの飛行機や船に乗れるとは限りませんし、そもそもアメリカやカナダといった国が、避難民を受け入れてくれるとも限りません。アメリカなどに逃げることができたとしても、余程の大金持ちでない限り、外国で生活を続けることは困難です。

「お嫁に行くのを見たかった」

それではどうしたらいいのか。

大東亜戦争中、大人達は「せめて日本にいる自分の子供や家族だけは生き延びることができるようにしたい」と考え、敵から日本の本土が攻撃されないよう懸命に戦ったのです。

特攻隊で戦死した植村さんもそうでした。岡村清三先生は、講演で植村さんの最後の様子をこう紹介されました。

《彼は立教大学を出て、三重海軍航空隊と台南航空隊を経て、九州の大村航空隊に帰って、そこからフィリピンへ飛んで、セブ島から突っ込んで死んだんですが、その大村航空隊を出る時に、こんなことがありました。

皆が「わしらはチョンガー（独身）だが、お前だけは奥さんがおるけん、電話をせい」と言って、「する必要ない」と彼が拒むのを無理矢理させたんです。昔は普通の電話は時間がかかるのですが、軍用電話はトップですから、将校仲間が交換手を騙して、「東京へ繋げい。これは三〇六司令だ」と言って、繋げて彼に渡しました。

戦後、私が横浜へ植村君の奥さんをお訪ねしてこのことを伺ったら、奥さんはこういう話をされました。

「覚えております。あの晩、どうも寝苦しいので起きて奥の部屋で扇子で顔を煽いでいました。そしたら素子がいつもは泣くのに泣かずに笑いながら這って来ました。『賢いね。素子ちゃん賢いね』と言っていましたら、畳の上の電話がジャンジャン鳴り出しました。時計を見たら夜中の一時半です。女ばかりの部屋に、今電話が掛かる筈がない。いたずら電話だと思って取らずにいたけれども、いくら経っても鳴り止まないのです」

それで、奥さんがやむを得ず受話器を取ったら、懐かしい主人の声で「オーイ、わしだ」。思わず奥さんが「あなた、今どこですか」と聞いたら、「馬鹿！」。

昔は軍隊では場所は言えないんです。「すみません」と言ったら、「素子いるか」「良かった、今ここにいるんですよ」「素子ちゃん、お父さんよ、お父さーん、て言ってごらん」、受話器を向けた。でも、まだ物を言うはずがない。誕生日も来てない赤ちゃんです。

「あなた、素子はまだ物が言えないわ」「あー、そうだったな」、彼から泣き声が聞こえたそうです。奥さんも泣いた。

そして彼の方から「よしえ」、「はい」、「すまんが、素子の尻をつねってくれや」と言った。意味のわかった奥さんは受話器を投げ出して、「素子ちゃん」と抱きしめたら、ワーンと泣いた。そしたら、一メートルばかり前の受話器が物を言った。「聞こえたぞ、聞こえたぞ。ありがとう」。泣き声が大村まで飛んだんですね、横浜から。

彼は、「お母さん、いないか」と言う。お母さんがびっくりして、「何かあったの。夜中に。どうしたんだい」と言ったら、彼はそれには返事をしないで、「お母さん、子供ってかわいいね。僕はあの子がお嫁に行くのを見たかった。お母さん、頼むよ」、これが最後の彼の声であります》

「僕はあの子がお嫁に行くのを見たかった」という植村さんの最後の言葉は、本当に切ないものがあります。

国民の人生を左右する国家の命運

この最後の電話の後の植村さんの様子を、岡村先生は次のように話してくれました。

《やがて、セブ島へ飛び立つという時に、飛行隊長の部屋で彼が申しました。「隊長、嬉しい」「嬉しい？　貴様は明日の朝、行くんだろう。何が嬉しいんだ？　死ぬのがそんなに嬉しいのか」と言ったら彼は、「隊長、私は学生時代、成績の悪い学生でした。それが選ばれて特攻隊員になりました。ありがとうございました。明日の朝、私が死んだら、日本は勝ちますよね」、「ああ、日本が勝つぞ」。「大好きなお母さん、長生きしますよね」、「ああ、長生きなさるぞ」。

するとと、彼は小さい声で、「素子も大きくなるだろうなあ」と言ったそうです。隊長が「ああ、素子ちゃんも大きくなるぞ」と言ったら、大声を上げて、「隊長、だったら嬉しいじゃありませんか」と言ったそうであります。

あとで聞いたら、彼はその部屋を出て、民家に入って、ピアノに向かって朝明るくなるまで、「荒城の月」など日本の歌を繰り返し繰り返し弾いておったそうですが、翌日、セブ島から九十キロ東へ突っ込んで、死んでおります》

いったん戦争になった以上、どこにも逃げることはできません。であるならば、いま自分ができることは、少しでも敵を食い止め、日本にいる子供と家族の生命が助かるよう努力することだ――そう考えて植村さんは特攻隊の一員として散華（戦死）されました。沖縄戦での日本軍と沖縄県民の奮闘、そして植村さんら特攻隊員の決死の攻撃に驚いたアメリカは「日本との戦いが長引けば、もっと多くの犠牲者が米軍の側にも出ることになる」と考え、本土攻撃を断念し、戦争の早期終結に同意しました。

植村さんの二十五年の人生から私達が理解しなければならないことはたくさんありますが、私は次の二つを強調したいと思います。

一つは、先の大戦で日本は戦争に勝つことはできませんでしたが、日本を守るために生命を賭して戦った植村さんたちのお蔭で残された「家族」は生き延びることができました。その「家族」の中に実は私達も入っているのです。本土防衛のため生命を賭けて戦ってくれた植村さんたちのお蔭で、こうしていま私達は「平和な日本」に暮らすことができている、ということです。

もう一つは、国家の命運と国民の人生とはあたかも無関係であるかのような教育が横行していますが、外国から攻撃を受けて戦争となれば、国民は戦争に巻き込まれ、戦わざるを得なくなるということです。

国家の命運と国民の人生は、時に直結します。

よって私たちは、日本を取り巻く国際情勢と政治の動向に、常に細心の注意を払い続けるべきです。国際情勢と政治に無関心であることは、自己と家族の命運に無関心であることと同義であることを、是非とも理解してもらいたいと思います。

五、坂本龍馬たちが歴史教科書から消されていく

まかり通る偏向教育

都内の私立大学に通う娘がある日、大学の講義プリントを持参して、こう訴えてきました。

《教育学の教授が、戦前の日本がいかにひどい国で、教育勅語によって国が国民の人権を弾圧してきた、みたいな話ばかりをする。しかも、講義で配布されたプリントには、教育勅語を批判する論文ばかりが載せられ、このプリントを読んでのレポートを出さないと、単位をもらえない。でも、教育勅語がどういう内容なのかは、その教授は何も説明しない。とにかく、教育勅語はひどいものだという印象を学生に与えようとするもので、私の友達も「戦前の日本は酷かったんだねぇ」みたいなことを言うようになってきている。この友達の多くが将来、学校の先生になるんだよ。それって放置していいの。

それで、「こんな一方的な講義はおかしいのではないでしょうか。せめて教育勅語について賛成の意見も紹介すべきではないでしょうか」と、その教授に直接話したので、ひょっとしたら目をつけられて、この単位は落とすかも知れないけど、そうなったら、ごめんなさい》

確かに見せられたプリントは、教育勅語について非難する論文や記事ばかりが載せられていて、かなり一方的な内容でした。

「高校までと大学では、学び方が違う。高校までは、先生から教えられたことを『正しい』と思って学ぶところだが、大学は、先生から教えられたことが正しいかどうか自分で考えるところだ」と、私は子供たちに言い聞かせてきました。

そこで私は娘にこう言いました。

《大学というのは、自分の頭で考えるところであり、教授が持論を述べることは構わないが、同時に、その持論に対して学生が疑問を持ったならば、誠実に対応するのが教授の務めだ。教授に話をしたことで単位を落とすのであるならば、それはその教授が間違っている。よって単位を落としてもそれを批判するつもりはないし、むしろ自分の頭で考えようとしているのだから、よくやったと言いたい。

ただし、世の中には、学問の自由を尊重し、自分と異なる意見を尊重する度量がある学者はそれほど多くない。特にサヨク系の教授は、自分の意見に反対する学生たちを平気で弾圧するような人が多い。そうした人たちには、正論は通用しない。そして世の中には、正論が通用しない人が多いことも今回学んでほしい。そして正論を通そうと思うならば、相手の理

不尽さに負けないよう自分の力量をあげることが大切だ》

平成十八年に教育基本法が全面的な改正され、愛国心や伝統の尊重などが明記され、学校の歴史教科書は確実に改善されつつあります。

ただし、いくら教科書内容が改善されても、教える教員が偏った考え方の持ち主であれば、学校の授業内容は改善されません。その意味でバランスのとれた歴史観を持つ歴史教員を養成することが必要で、それには時間がかかります。

坂本龍馬、吉田松陰が教科書から消される？

この歴史教育をめぐって再び、大きな問題が起こっています。

平成二十九年十二月三日付産経新聞がこう報じました。

《高校歴史用語に「従軍慰安婦」　教科書向け精選案「南京大虐殺」も

今年度内（平成三十年三月末日）に告示される高校の次期学習指導要領に合わせ、高校や大学の教員らの研究会が教科書会社などに提言する歴史用語精選の１次案に、中学教科書では消えた「従軍慰安婦」が採用されたことが２日、分かった。精選は、教科書改訂のたびに増え続けた用語を減らし、暗記力より思考力育成につなげるのが狙い。ただ「坂本龍馬」など国民的人気のある人名が外れたほか、論争のある用語が多く含まれ、精選基準をめぐって議論を呼びそうだ》

政府は二〇二二年度に施行される予定の次期学習指導要領で、高校の歴史教育において、近代以降の日本史と世界史を融合した新しい必修科目「歴史総合」を創設するとともに、選択科目として「日本史探究」「世界史探究」に再編されることにしています。その際、近現代史の教科書に必ず盛り込む人名、用語が多すぎるので、ある程度、精選することになりました。

こうした政府の動向を受けて、高校や大学の教員ら約四百人で構成する民間の教育団体「高大連携歴史教育研究会」（会長＝油井大三郎・東京大名誉教授）が「教科書本文に載せ、入試でも知識として問う基礎用語」として、日本史千六百六十四語と世界史千六百四十三語を選択した案をまとめたのです。

この案だと、現在の各三千五百語程度からほぼ半減となり、人名では「坂本龍馬」「吉田松陰」「高杉晋作」なども、ＮＨＫの大河ドラマでもお馴染みの名前が外れます。その一方で、「強制連行」の誤解を与えかねない「従軍慰安婦」や、存否などで論争のある「南京大虐殺」も入りました。

新聞報道を見た人たちは、この「精選案」を文科省がまとめたと誤解し、「文科省はなぜ坂本龍馬や吉田松陰を削る一方で、南京大虐殺を入れるのか」などと反発していますが、この案はあくまで民間団体のものです。文科省の案ではありません。

ただし、産経新聞も指摘しているように「用語の採用は教科書会社の判断だが、油井氏が中央教育審議会元委員で教科書執筆経験もある上、歴史用語を多面的な考察につながる概念に整理するよう促した中教審の平成28年の答申に沿っており、一定の影響を与えるとみられている」のもまた、事実です。

生徒の「歴史」離れを阻止するためだが…

なぜ用語を精選する必要があるのでしょうか。

産経新聞はこう報じています。

《研究会によると、教科書に記載のない事実が大学入試で問われると、次の教科書改訂で収録される悪循環により、半世紀で用語が3倍近くに増大。高校の授業が用語の説明に追われており、生徒が議論する活動を重視した次期指導要領も踏まえ、学ぶ楽しさを実感できる授業へ転換を図った。

会長の油井大三郎東大名誉教授は「時代の大きな流れなどに注目した概念用語を明確にし、その説明に必要な事実用語を残した。外れた用語を教科書に載せることは否定しない」とする》

要は大学入試の関係で教科書で取り扱う用語や人名が急増し、時代の大きな流れを把握するよりも、用語や人名を暗記することに重点が置かれてしまうようになってきているので、その改善を図ろうということです。

同研究会の運営委員長の桃木至朗・大阪大教授もこう答えています。

《――坂本龍馬や吉田松陰、クレオパトラが用語のリスト案から削られ、教科書に載らなくなるのか、と議論を呼んでいる。

こうした人名を教科書から完全に削ると受け取られているが、全くの誤解だ。今回の案は教科書の本文で扱って全員が覚え、入試で知識を問う最低限の用語のリストだ。教科書の本文以外の資料や図版、コラム、注などの部分でいろいろな用語を使うことや、入試で知識を問う以外の形式で取り上げることを否定しているわけではない。覚える用語を絞り込むことで、逆に多様な取り上げ方が可能になる。

――こうした人物は、歴史を学ぶうえで必須では。

これらの人名は小説やドラマでも有名で、小中学校段階で既に親しんでいる。小中学校は人物を重視して日本史を学ぶが、高校は世界史、日本史とも偉人伝より、歴史の流れや社会の構造の変化を学習する。人名や事件名はその手がかりだ。そこで、小中で学んだ知識や、歴史を大きく動かしたわけではない人名、事件名は大胆に削った。

——どうして精選を。

入試科目である世界史B、日本史Bの主な教科書の用語数は1950年代の3倍近くに増え、学校の授業の時間内では教科書が全然終わらない。難関大学を目指す生徒は多数の用語をひたすら暗記し、さらに補習が必要になる。「これではコスパ（効率）が悪い」として、入試で歴史を選択する高校生が減っている。歴史で受験しない生徒は補習を受けないから、教科書の途中で勉強が終わってしまう。理系の歴史離れは特に深刻だ》（朝日新聞デジタル二〇一七年十二月四日）

用語が多いので、受験科目として歴史を敬遠する生徒が増えているため、若者の歴史離れがますます進んでいる。この状態を改善するためには、用語の暗記よりも、歴史の流れの把握を重視する歴史教科書に改善すべきだと主張しているわけです。この提案には賛成です。

目的は「天皇制」解体か

問題は、どのような基準で精選するのか、ということです。

同研究会運営委員長の桃木至朗・大阪大教授は、「小中で学んだ知識や、歴史を大きく動かしたわけではない人名、事件名は大胆に削った」と答えています。要は日本を守ろうと奮闘した幕末の志士である坂本龍馬や吉田松陰、高杉晋作は「歴史を大きく動かした人物」ではないと判断したわけです。

その一方でこの研究会は、「幸徳秋水」といった社会主義者や、「天皇制」「教育勅語」「アジア・太平洋戦争」「ファシズム」「軍国主義」「南京大虐殺」「従軍慰安婦」といった、サヨクの歴史家たちが多用する用語を「歴史を大きく動かした」用語だとして推奨しているのです。

また、戦後の現代史についても「基地反対運動」「ベトナム反戦運動」「非正規労働者」「排外的ナショナリズム」など、どちらかと言えば共産党や社会党、そして朝日新聞などが頻繁に使ってきた用語を必ず教えるべきだと提案しているのです。

こうした用語の選定は、政治的にはかなり偏った提案だと言わざるを得ません。

実はこの会の会長の油井大三郎東大名誉教授はいまから三十年近くも前の一九八九年（平成元年）、『未完の占領改革——米国知識人と捨てられた日本民主化構想』（東大出版会）という本を出しています。

この中で油井教授は、日本敗戦後の占領政策や東京裁判史観の「見直し」を提案しています。それは、占領政策や東京裁判史観が間違いだった、ということではありません。もっと徹底的に占領政策を実施すべきだったのに中途半端に終わったことが問題なのだ、という立場です。

たとえば、占領軍は、皇室の存続を認めましたが、それは間違いだったとして、油井教授はこう述べているのです。

「天皇制が『国民統合の象徴』として残ったことは、（中略）日本人の間で日本を『単一民族国家』とみなす神話を牢固たるものにさせ、国内の少数民族に対する差別を構造化させることにもなった」として、占領軍が「天皇制」を容認してしまった結果、在日朝鮮人などの少数民族に対する差別が残ったのだと示唆しています。

さらに、日本がドイツと異なり、アジアに対する加害責任を追及されなかったのは、「日本を東アジアにおける『反共の防波堤』」としようとしたアメリカの政治的判断によって、「社会主義中国が講和会議から締め出されたため」、隣国からの責任追及を免れることができたのだと説明しています。

その上で、歴史問題を解決するためには、社会主義国の中国や北朝鮮からの謝罪と賠償要求に誠実に応えることが重要だと訴えているのです。アジア諸国から信頼を勝ち取るためには、「天皇制」の解体や加害責任の追及を通じて徹底した民主化を行うという「未完に終わった課題」を「日本人自身の手によって完成されることが求められている」と提唱してきたのが油井教授でした。

その油井教授を会長とする研究会が今回、歴史教科書の用語に「従軍慰安婦」「南京大虐殺」「賠償」などを入れるべきだと提案したわけです。

その目的は明らかでしょう。

高校の歴史教育に、中国や北朝鮮に対する謝罪と賠償に関する用語や歴史認識を盛り込ませることで、「日本は悪い事をしたのだから、もっと中国や北朝鮮に謝罪し、賠償し、戦前の日本を生んだ『天皇制』を廃止すべきだ」と考える高校教員と生徒を増やそうとしていると思われます。実に用意周到な企みだと言わざるを得ません。

このように日本を壊そうとする人たちは三十年がかりで組織を作り、歴史教科書を「改悪」しようと活動しているのです。

歴史教育の再建のため出来ること

こうした動きに対応するためには、日本を守る側も戦略的に動く必要があります。それには、短期的課題と長期的課題があります。

短期的課題としては、地元の国会議員などに、高校の歴史教科書に「従軍慰安婦」などを入れないよう陳情をすることです。そもそも政治家の大半は、歴史教科書が再び改悪されようとしていることを知らないので、そうした事実から伝えることが重要かと思います。

長期的課題としては、日本の独立と平和を守ろうとした歴史を尊重する歴史教育研究に取り組む教員グループに参加・支援することです。幸いなことに、教育再生機構や新しい歴史教科書をつくる会がそれぞれ中学生用に公平な歴史教科書を作成しているほか、明成社が高校生用の歴史教科書を作成していて、その教員グループが各地にできています。

歴史の教員の方は、是非ともそうした教員グループに参加して、歴史教科書をめぐる戦いに参加していただければと思います。教員でない方も、こうした公平な歴史教科書の普及などにご協力いただければと思います。

日本を立て直すのは、政治家だけでなく、われわれ国民の務めでもあるのですから。

江崎道朗（えざき　みちお）
評論家。
昭和37年生まれ。九州大学卒業後、月刊誌編集、団体職員、国会議員政策スタッフを務め、安全保障、インテリジェンス、近現代史研究に従事。平成28年夏から本格的に評論活動を開始。

フリーダム
国家の命運を外国に委ねるな

平成三十一年一月二十七日　第一刷発行

著　者　江崎　道朗
発行人　荒岩　宏奨
発　行　展　転　社

〒101-0051 東京都千代田区神田神保町2-46-402
ＴＥＬ　〇三（五三一四）九四七〇
ＦＡＸ　〇三（五三一四）九四八〇
振替〇〇一四〇―六―七九九九二

印刷製本　中央精版印刷

定価［本体＋税］はカバーに表示してあります。
ISBN978-4-88656-472-6

てんでんBOOKS
[表示価格は本体価格（税抜）です]

コミンテルンとルーズヴェルトの時限爆弾 江崎道朗
●外国勢力に手玉に取られる日本の現状に警告を発し、日本の取るべき対応の核心を衝く。本書は国防白書である。 1900円

朝鮮総連に破産申立てを！ 加藤健
●国民は血税1兆3453億円以上も負担させられた！朝鮮総連を震え上がらせる方法として、破産申立を提唱する。 1700円

かたくなにみやびたるひと 乃木神社総代会
●鮮やかによみがえる人間乃木希典の真実。生前の面影を偲びつつ、奥に秘められた苦悩や悲嘆を感得せんと心を傾ける。 1600円

めぐみへの誓い 野伏翔
●ある日突然、十三歳の少女・横田めぐみさんは姿を消した。拉致、北朝鮮での様子、両親の活動などを戯曲で描く。 1200円

ある外交官の回想 激動の昭和に生きて 髙橋利巳
●外務省で「移住」を担当し、さらに外交官として中南米に勤務した著者が遭遇したさまざまな出来事を克明に記す。 1500円

絶滅危惧種だった大韓帝国 安濃豊
●恩を仇で返してくる韓国。自己統治能力の欠如した朝鮮半島は一括して国連による信託統治とすべきである！ 1600円

東條英機は悪人なのか 鈴木晟
●軍国主義者・独裁者として悪罵の限りを浴びて来た東條英機。斯様な人物であったのか。その実像に真正面から挑む。 1800円

今さら聞けない皇室のこと 村田春樹
●皇族の本名を呼んではいけない？いつから昭和天皇と呼ばれたの？今さら聞けない皇室の基礎知識をやさしく解説。 1300円